PROCÈS

DE

M. F. LAMENNAIS

Devant la Cour d'assises,

A L'OCCASION D'UN ÉCRIT

INTITULÉ:

LE PAYS ET LE GOUVERNEMENT.

RELATION COMPLÈTE,

Contenant tous les faits préliminaires depuis la saisie jusqu'à
la comparution devant la Cour d'assises;
la préface destinée à la 2e édition; le réquisitoire de M. l'avocat général;
les passages incriminés et lus à l'audience;
les plaidoiries de MM. Mauguin et Coralli; les répliques; la déclaration de M. Lamennais;
l'arrêt de condamnation;
l'opinion des journaux sur le procès;
les faits et documents postérieurs à la condamnation; etc.

SUIVI

D'UNE NOTICE BIOGRAPHIQUE ET LITTÉRAIRE

SUR M. F. LAMENNAIS,

PAR M. ÉLIAS REGNAULT.

Prix : 25 c. la livraison.

PARIS,
PAGNERRE, ÉDITEUR,
RUE DE SEINE, 14 BIS.

1841

LIVRAISON.

Ouvrages de M. Lamennais.

ESQUISSES D'UNE PHILOSOPHIE. 3 beaux et forts volumes in-8. 22 fr. 50. c.
LE LIVRE DU PEUPLE. 1 joli volume in-32, sur jésus-vélin, 6e édition augmentée, 200 pages. 1 fr. 25 c.
Le même, nouvelle édition de luxe. 1 vol. in-8. 2 fr. 50 c.
PAROLES D'UN CROYANT. Nouvelle et très-jolie édition. 1 vol. in-32. 75 c.
AFFAIRE DE ROME, 3e édition, 2 vol. in-32, jésus-vélin. 2 fr. 50 c.
POLITIQUE A L'USAGE DU PEUPLE. 4e édition 2 vol. in-32 jésus-vélin. 2 fr. 50 c.
DE L'ESCLAVAGE MODERNE (décembre 1839). 1 vol. in-32. 3e édition. 75 c.
QUESTIONS POLITIQUES ET PHILOSOPHIQUES. 2 vol. in-32. 2 fr. 50 c.
PAROLES D'UN CROYANT. In-8. 2 fr. 50 c.
SERVITUDE VOLONTAIRE. In-8. 1 fr. 50 c.

Sous Presse :

LES PAROLES D'UN CROYANT,

NOUVELLE ÉDITION ILLUSTRÉE,

Publiée avec un grand luxe sur papier jésus vélin, par livraison.

Almanach Démocratique de la France

POUR 1841,

PAR LES RÉDACTEURS DU DICTIONNAIRE POLITIQUE.

1 vol. in-12 oblong avec de nombreuses vignettes.

Prix : 50 centimes.

Un arrêt de la Chambre des mises en accusation de la Cour royale a annulé les saisies et les poursuites, dont *l'Almanach démocratique* avait été l'objet.

Il est de nouveau en vente.

COLLECTION DE PROCÈS POLITIQUES

DEPUIS LA RÉVOLUTION DE 1830.

15 volumes in-octavo. — Prix. 30 francs.

PROCÈS

DE

M. F. LAMENNAIS

Devant la Cour d'assises,

A L'OCCASION D'UN ÉCRIT

INTITULÉ :

LE PAYS ET LE GOUVERNEMENT.

Imprimerie de Schneider et Langrand, rue d'Erfurth, 1.

PROCÈS

DE

M. F. LAMENNAIS

Devant la Cour d'assises,

A L'OCCASION D'UN ÉCRIT

INTITULÉ :

LE PAYS ET LE GOUVERNEMENT.

RELATION COMPLÈTE,

Contenant tous les faits préliminaires depuis la saisie jusqu'à
la comparution devant la Cour d'assises ;
la préface destinée à la 2e édition ; le réquisitoire de M. l'avocat général ;
les passages incriminés et lus à l'audience ;
les plaidoiries de MM. Mauguin et Coralli ; les répliques ; la déclaration de M. Lamennais ;
l'arrêt de condamnation ;
l'opinion des journaux sur le procès ;
les faits et documents postérieurs à la condamnation ; etc.

SUIVI

D'UNE NOTICE BIOGRAPHIQUE ET LITTÉRAIRE

SUR M. F. LAMENNAIS,

PAR M. ÉLIAS REGNAULT.

PARIS,
PAGNERRE, ÉDITEUR,
RUE DE SEINE, 14 BIS.

1841

PROCÈS

DE

M. F. LAMENNAIS

Devant la Cour d'assises.

Faits Préliminaires.

Le 15 octobre 1840, M. F. Lamennais publiait chez l'éditeur Pagnerre une brochure ayant pour titre : LE PAYS ET LE GOUVERNEMENT, avec cette épigraphe : « Il n'y eut plus dans la ville que deux sortes de gens : ceux qui souffraient la servitude, et ceux qui, pour leurs intérêts particuliers, cherchaient à la faire souffrir... Les peuples voisins ne trouvèrent de résistance nulle part. » (MONTESQUIEU, *Grandeur et Décadence des Romains*, chap. 1.)

Accueilli par le public, comme le sont tous les ouvrages de l'illustre écrivain, avec un extrême empressement ; loué sans restriction et reproduit par fragments par toute la presse de l'opposition à Paris et dans les départements, le livre de M. Lamennais souleva de violentes attaques dans la presse gouvernementale. Le *Journal des Débats*, entre autres, le dénonça comme un écrit incendiaire, devant appeler sur l'auteur toute la sévérité des lois.

En quelques jours cependant le premier tirage fut épuisé, et M. Lamennais se disposa à en faire paraître une seconde édition, accompagnée d'une préface dans laquelle il répondait aux imputations calomnieuses dont il était l'objet. Cette édition ne parut pas. Voici la préface, telle que l'ont publiée plusieurs journaux dans leurs numéros du 20 octobre :

« PRÉFACE.

« Ce petit écrit a été attaqué de plusieurs côtés avec beaucoup de « violence, et cela n'a point surpris l'auteur, il s'y attendait.

« Certainement, il ne pouvait espérer l'approbation des différents « partis antidémocratiques, des hommes de tous les passés, de ceux « qui, de quelque manière que ce soit, repoussent le principe de la « souveraineté du peuple, lui dont les efforts ont pour but sa réa- « lisation sincère et complète dans les institutions du pays.

« Il pouvait, s'il est possible, encore moins trouver grâce devant « les fauteurs et souteneurs, soudoyés ou non, du système qu'il combat, « du désastreux système que chacun peut maintenant apprécier par ses « fruits.

« Il ne pouvait enfin éviter davantage la colère de la gauche ralliée, « à laquelle il a pris la liberté grande d'adresser, au reste avec la « presse tout entière, les reproches qu'il persiste à croire mérités.

« Que ses adversaires taxent son langage d'exagération, de rudesse, « d'âpreté sauvage, rien ne lui semble plus naturel; il n'écrivait pas « pour leur plaire, et il y a des temps où, quand l'indignation ne se- « rait pas un sentiment qu'il est impossible à l'honnête homme de maî- « triser, elle serait encore pour lui un devoir.

« D'ailleurs, il n'avait malheureusement pas sous les yeux les exem- « ples de calme, de gravité, de décence, d'aménité et de politesse « qu'on lui a fournis depuis. Averti plus tôt, il aurait senti mille « convenances délicates qui lui ont échappé, il l'avoue; sa phrase « adoucie se fût ornée d'une foule de tournures spirituelles, gracieuses, « d'épithètes choisies, qui eussent fait un honneur infini à sa modé- « ration; il eût parlé d'*épée* et de *torche*, de *sanglantes leçons*, de *pa- « roles incendiaires*, d'*atroces déclamations*, d'*anarchie*, de *fanatisme*, « de *communisme* et de *babouvisme*, de *rêves insensés*, d'*extravagance*, « de *lime et de serpent qui mord en vain*, de *monstrueux écarts*, de « *monomanie hypocondriaque*, etc., etc., à quoi il aurait ajouté le dé- « faut d'*originalité et d'éclat*, ce qui eût singulièrement embarrassé le « le 7 août et ses défenseurs officiels et officieux.

« L'auteur regrette profondément de n'avoir pu profiter des modèles « qu'on lui offre trop tard; mais il paraît un peu excusable de ne les « avoir pas devinés. Nul, après tout, n'est tenu de posséder, avec un

« génie aussi inventif, une mesure d'expression si heureuse et si rare.

« Voilà pour la forme ; venons au fond.

« L'écrit qui a soulevé tant d'animosités se compose tout entier de « faits publics consignés dans les journaux, à quelque opinion qu'ils « appartiennent ; de ces faits qui ont, quoique récents, l'autorité de « l'histoire. En a-t-on contesté aucun? Non, pas un seul. A-t-on es- « sayé de montrer que l'auteur en tire des conséquences fausses, logi- « quement vicieuses? Pas davantage. On lui permettra de croire que, « si on ne l'a point fait, c'est qu'on ne le pouvait faire ; car est-il pré- « sumable que, pouvant le réfuter, aucun de ses adversaires ne l'eût « entrepris ; que tous, d'un commun accord, eussent préféré la décla- « mation, l'injure même à la discussion? Cette méthode lui est très- « suspecte, et le sera sans doute à bien d'autres.

« Une chose le confirme dans la pensée qu'ils ne se sont pas sentis ex- « trêmement forts de raison, et c'est qu'ils aient jugé devoir recourir à « la calomnie.

« Ils l'accusent de prêcher *des doctrines de haine et de vengeance*. Qu'ils « citent un mot, un seul, qui justifie, de près ou de loin, cette imputa- « tion odieuse, ou qu'ils acceptent le nom qui leur est dû, et que déjà « le public a écrit sur leur front.

« Inséparable de l'amour du bien, la haine du mal est commandée à « tous ; c'est la première loi de la conscience. Où en sommes-nous, s'il « est devenu nécessaire de le rappeler? La vengeance est un crime, « parce qu'elle n'est pas la haine du mal, mais la haine de tels ou tels « hommes, parce que se venger, c'est être à la fois accusateur, juge et « bourreau.

« Ils disent encore que l'auteur *renverse les bases de la société*. Il a « présenté le tableau fidèle des désordres, des vices, des corruptions et « des maux sans nombre de la société actuelle ; il en demande la ré- « forme. Si c'est là ce qu'on appelle *renverser les bases de la société*, « oui, de toute son âme, il voudrait renverser les bases de la société. « Mais alors, il faut soutenir que ces corruptions, ces vices, ces dés- « ordres, sont les bases de la société. Est-ce là ce qu'entendent les ac- « cusateurs? C'est au moins très-directement la conséquence de leurs « paroles.

« L'auteur renverse les bases de la société : comment cela? Qu'a-t-il « dit? quelles sont ses expresses conclusions? Que, dans la dissolution « générale des principes et des immuables lois sur lesquelles la société

« repose, on doit se hâter de la *reconstituer, de la rasseoir sur les bases* « *éternelles de la justice, du devoir et du droit.*

« Asseoir la société sur le droit, le devoir, la justice, c'est donc, selon « les écrivains à qui nous répondons, en renverser les bases véritables. « Ils peuvent le penser : mais le dire ! L'auteur, il le confesse, n'espérait « pas d'eux une si naïve apologie de ce qui, dans son écrit, a le plus ex- « cité leur courroux.

« Ils le comparent à Saint-Simon, à Fourier, à Owen, à Babœuf; « mais où donc a-t-il exposé, indiqué seulement une théorie, une opi- « nion quelconque sur les questions économiques controversées de nos « jours? La nature même de son écrit, purement politique, excluait « toute discussion de ce genre ; et, dans ses écrits antérieurs, parlant « au peuple directement, au peuple qui souffre et dont les souffrances « auront, quoi qu'on fasse, un terme, il l'exhorte partout au respect « des propriétés, parce que ce n'est pas, certes, en les attaquant « qu'on arrivera à une plus juste distribution de la richesse. On « ne réussirait par cette voie qu'à créer une misère commune, en dé- « truisant les capitaux qu'il s'agit de rendre accessibles à tous. Puisqu'on « lui en fournit l'occasion, il est, au reste, bien aise de déclarer que, « dans sa conviction intime, les améliorations réclamées par les hommes « de travail, et qu'ils obtiendront tôt ou tard, se peuvent effectuer sans « toucher à aucune position acquise, sans donner à qui que ce soit le « plus léger prétexte d'inquiétude ou de plainte raisonnable, et qu'elles « ne sauraient même s'effectuer qu'à cette condition. Lorsque chacun « le verra aussi clairement qu'il le croit voir, on sera bien près de la « transformation nécessaire qui se prépare, et les résistances ne seront « plus que l'effort impuissant de l'ange de Milton, agitant ses ailes dans « le vide ténébreux et tombant d'une chute éternelle.

« F. LAMENNAIS. »

Le même jour, 20 octobre, un commissaire de police, suivi de nombreux agents, se transportait, dès six heures du matin, au domicile de M. Lamennais, fouillait tous ses meubles, lisait tous ses papiers et jusqu'à ses correspondances privées, et saisissait, avec la préface, le manuscrit original de la brochure, huit jours après la publication.

Pendant ce temps, d'autres agents de l'autorité faisaient perquisition chez l'éditeur Pagnerre, y saisissaient quelques exemplaires non encore vendus, et de pareilles perquisitions étaient opérées, tant à Paris que dans les principales villes des départements, dans toutes les librairies où l'on supposait devoir trouver l'ouvrage incriminé.

Ces expéditions semblaient être le commencement d'une nouvelle ère de rigueurs contre la presse. Dans la même journée, l'*Almanach démocratique*, publié aussi par M. Pagnerre, et qui circulait déjà depuis quinze jours; l'*Organisation du travail*, par M. Louis Blanc; *la Vérité sur le parti démocratique*, par M. Thoré, furent également saisis, et donnèrent lieu à des poursuites judiciaires. Toutefois, après deux mois d'instruction, l'*Almanach démocratique* et l'ouvrage de M. Louis Blanc durent être rendus à leurs éditeurs, par suite d'arrêts de non-lieu.

Dès le 24, M. Lamennais, auteur, M. Pagnerre, éditeur, et MM. Schneider et Langrand, imprimeurs, étaient appelés devant M. Zangiacomi, juge d'instruction, qui leur faisait subir un interrogatoire. Ils étaient inculpés d'avoir commis ou de s'être rendus complices du crime d'attentat contre la sûreté de l'Etat, et de plusieurs délits; une ordonnance du 31 octobre, rendue par la chambre du conseil du tribunal de première instance, maintint les saisies de l'ouvrage incriminé, et écartant le chef d'inculpation de crime contre la sûreté de l'Etat, prescrivit que les pièces de la procédure seraient transmises à M. le procureur général, attendu qu'il existait charge suffisante contre les prévenus de s'être rendus coupables des délits prévus et punis par les art. 18 de la loi du 9 septembre 1835, 4 de la loi du 25 mars 1822, par la loi du 29 novembre 1830, et enfin par l'art. 1er de la loi du 17 mai 1819.

Par arrêt du 10 novembre, la chambre des mises en accusation de la Cour royale ordonna le renvoi de M. Lamennais et de M. Pagnerre devant la Cour d'assises, sous la prévention : 1° d'excitation à la haine et au mépris du gouvernement du roi ; 2° d'attaques contre le respect dû aux lois ; 3° de provocation à la haine entre les diverses classes de la société ; 4° et d'apologie de faits qualifiés crimes et délits par la loi. A l'égard des imprimeurs, la Cour déclara qu'il n'y avait lieu à suivre.

Le 23 novembre était le jour fixé pour les débats de l'affaire. Mais on discutait alors à la Chambre des députés le projet d'adresse en réponse au discours de la couronne, et MM. Mauguin, défenseur de M. Lamennais, et Coralli, avocat de M. Pagnerre, tous deux membres de la Chambre, ne pouvant se dispenser d'assister à cette discussion, avaient chargé Me Adrien Benoît, avocat, conseil de M. Lamennais, de demander la remise de la cause. M. Benoît se rendait à cet effet à l'audience avec M. Lamennais; mais, arrêtés à la porte extérieure par les gardes municipaux de service, qui refusaient de les laisser passer, ils ne purent pénétrer dans l'enceinte que lorsque l'appel des jurés était terminé. Ne pouvant, par suite de cet incident, remettre en temps utile la demande de renvoi, Me Benoît et M. Lamennais se retirèrent, et la cause fut jugée par défaut.

Voici le compte rendu de cette première audience, que nous empruntons à la *Gazette des Tribunaux*.

COUR D'ASSISES DE LA SEINE.

AUDIENCE DU 23 NOVEMBRE.

Bien qu'on connût d'avance l'intention où étaient MM. Lamennais et Pagnerre de demander la remise ou de faire défaut, un nombreux public se presse de bonne heure dans l'enceinte de la Cour d'assises. Un triple rang de jeunes avocats masque le banc de la défense ; plusieurs dames, curieuses de voir le grand philosophe démocrate, occupent avant dix heures les places privilégiées. Il est plus de dix heures, et l'on ne voit figurer au banc de la défense ni les prévenus ni leurs avocats. L'huissier de service appelle à plusieurs reprises MM. Lamennais et Pagnerre, mais personne ne répond. Pendant que MM. les jurés se sont retirés dans la chambre du conseil pour la formalité du tirage du jury pour les autres affaires indiquées, on voit entrer dans la salle M. Lamennais accompagné de M[e] Ad. Benoist, l'un de ses conseils. On se presse avec curiosité sur le passage du célèbre écrivain. Au premier aspect, rien dans sa contenance et sa physionomie ne trahit la puissance et l'énergie. Il se place parmi les avocats en robe. Alors seulement il relève la tête, et l'intelligence vient animer comme par enchantement les traits du profond penseur.

Me Adrien Benoist entre dans la chambre du conseil ; il en sort quelques minutes après, dit quelques mots à M. Lamennais et quitte avec lui l'audience.

La Cour entre en séance.

M. LE PRÉSIDENT. Huissiers, appelez l'affaire Lamennais.

L'HUISSIER DE SERVICE. M. le procureur général contre MM. Lamennais et Pagnerre. (Personne ne répond.)

M. LE PRÉSIDENT. La parole est à M. l'avocat général.

M. L'AVOCAT GÉNÉRAL PARTARRIEU-LAFOSSE. Nous avons fait assigner les prévenus Lamennais et Pagnerre pour avoir à répondre devant le jury des délits énumérés dans l'arrêt de renvoi. Ils ont été appelés avant et après la réunion de MM. les jurés dans la chambre du conseil; ils n'ont pas répondu, ils se trouvent donc l'un et l'autre dans le cas prévu par l'article 17 de la loi du 26 mai 1819, c'est-à-dire qu'ils doivent être jugés par la Cour sans le concours du jury.

Les prévenus ne sont pas présents, ils n'allèguent même aucun motif d'excuse; nous requérons, en conséquence, qu'il soit donné défaut contre eux, nous réservant de requérir le profit de ce défaut.

La Cour, après délibéré, considérant que les prévenus ne se présentent pas sur la citation qui leur a été notifiée, donne défaut contre eux et ordonne qu'il sera passé outre au jugement de l'affaire.

M. L'AVOCAT GÉNÉRAL. Nous suivrons dans ce procès la marche que nous avons plusieurs fois suivie dans des affaires de la même nature. Nous nous bornerons à donner lecture à la Cour des passages spécialement signalés. Si nous usions de la latitude qui nous est laissée par l'arrêt de renvoi, nous pourrions vous lire la brochure tout entière, car c'est son ensemble qui est incriminé. Tout en faisant nos réserves à raison du surplus, nous appelons seulement votre attention sur les principaux passages.

L'ouvrage a pour titre: *le Pays et le Gouvernement*, pour nom d'auteur F. LAMENNAIS. Au bas on lit: Pagnerre, éditeur, Paris, 1840. Le dépôt a été fait le 15 octobre 1840. C'est le 20 du même mois que des poursuites ont été requises et que l'on a saisi un certain nombre d'exemplaires de cette brochure, soit chez l'auteur, soit chez l'éditeur, enfin dans plusieurs librairies. La prévention est dirigée contre M. Lamennais comme auteur, et contre M. Pagnerre comme éditeur.

M. l'avocat général donne lecture de presque tous les passages importants de la brochure.

Après cette lecture que M. l'avocat général ne fait suivre d'aucune réflexion, il requiert l'application des articles 1er de la loi du 17 mai 1819, 4 de la loi du 25 mars 1822, et 26 de la loi du 26 mai 1819.

La Cour se retire pour délibérer. Dix minutes après elle rentre, et M. le président prononce l'arrêt suivant:

« La Cour,

« Considérant qu'il est suffisamment établi que Félicité-Robert Lamennais et Antoine-Laurent Pagnerre, ont publié et mis en vente un écrit imprimé ayant pour titre : *le Gouvernement et le Pays;* que, par cette publication, ils se sont rendus coupables d'excitation à la haine et au mépris du gouvernement du roi, d'attaque contre le respect dû aux lois, d'apologie de faits qualifiés crimes ou délits par la loi, et de provocation à la haine entre diverses classes de la société, délits prévus par les articles 1er de la loi du 17 mai 1819, 4 de la loi du 25 mars 1822, 8 de la loi du 9 septembre 1835, 8 de la loi du 17 mai 1819, et 26 de la loi du 26 mai 1819;

« Faisant application desdits articles, qui sont ainsi conçus (M. le président donne lecture des articles ci-dessus cités);

« Considérant qu'aux termes de l'article 365 du Code d'instruction criminelle, en cas de plusieurs crimes ou délits, la peine la plus forte peut seule être appliquée ; que la peine la plus forte est celle prévue par l'article 4 de la loi du 25 mars 1822;

« Condamne Félicité-Robert Lamennais et Antoine-Laurent Pagnerre chacun en deux ans de prison et 3,000 francs d'amende;

« Ordonne la destruction des exemplaires saisis et de ceux qui pourront l'être par la suite;

« Ordonne en outre l'impression et l'affiche du présent arrêt, lequel sera rendu public dans les formes voulues par la loi;

« Condamne Lamennais et Pagnerre solidairement aux frais. »

Le 30 novembre, MM. Lamennais et Pagnerre firent signifier au parquet leur opposition à cet arrêt.

Le 4 décembre, ils présentèrent une requête à M. le président de la Cour d'assises, à l'effet d'obtenir la fixation d'un jour d'audience pour le jugement de l'affaire. M. le président rendit une ordonnance qui fixait le jour de la comparution des prévenus au samedi 26 décembre 1840.

Avant de rapporter le compte rendu de cette audience, nous reproduirons d'après les journaux les nombreux témoignages de sympathie dont M. Lamennais avait été l'objet depuis le commencement des poursuites.

VISITE DES ÉTUDIANTS.

« La brochure de M. Lamennais a été publiée tout entière, ou en partie, dans la plupart des journaux indépendants des départements. Les injures grossières qu'elle a valu à son auteur de la part des feuilles du château, lui ont mérité les justes témoignages de sympathie de la part des citoyens.

« Les étudiants voulaient se rendre en grand nombre auprès de l'illustre écrivain ; mais pour éviter tout prétexte de trouble et de provocation, ils ont jugé convenable de lui envoyer une députation.

« Ce matin, six étudiants, au nom de leurs camarades, se sont rendus au domicile de M. de Lamennais, et l'un d'eux portant la parole s'est exprimé ainsi :

« Monsieur,

« Nous venons, au nom de la majorité des étudiants actuellement « présents à Paris, vous témoigner notre admiration pour l'ouvrage « plein de courage et d'énergie que vous venez de publier. C'est une « nouvelle preuve que vous venez de donner de votre noble dévoue- « ment à la cause du peuple.

« Nous n'avons pas été surpris que ce dévouement ait suscité contre « vous des mesures violentes. Un pouvoir qui s'abaisse devant l'étran- « ger doit être brutal envers tous ceux qui défendent comme vous les « droits du pays et la grandeur de notre nationalité.

« Ces mesures vous ont trouvé inébranlable. Votre conscience est à « la hauteur de votre talent, et les sympathies publiques doivent « vous prouver que les hommes de cœur savent apprécier l'un et « l'autre.

« Pour notre compte, Monsieur, nous avons cru devoir répondre « par de nouvelles expressions de notre estime et de notre reconnais- « sance, aux persécutions d'un pouvoir que nous avons flétri avec au- « tant de force que de vérité. »

« M. Lamennais a remercié ces jeunes gens de leur visite ; il a ajouté qu'elle le dédommageait amplement des tracasseries dont il avait été l'objet. Du reste, en écrivant sa brochure, il avait su combien elle blesserait les hommes qui sont aujourd'hui à la tête des affaires ; mais qu'il avait fait son devoir ; qu'il le ferait encore en toute occasion : si un écrivain, défendant avec conscience la cause du peuple, est à peu près certain de provoquer des persécutions, il doit se trouver heureux de réunir les sympathies honorables dont les témoignages lui arrivent de toutes parts. »

(*National du* 24 *octobre*.)

VISITE DES OUVRIERS.

« Les ouvriers ont suivi l'exemple des étudiants. Ils ont voulu, comme eux, témoigner à M. Lamennais toute leur reconnaissance pour l'œuvre courageuse qu'il a faite, toute leur sympathie pour les persécutions qu'elle lui a suscitées.

« Aujourd'hui une députation d'ouvriers s'est rendue chez l'illustre écrivain, et l'un d'eux a exprimé les sentiments de la grande majorité des travailleurs. Ils ont lu avec enthousiasme la brochure dans laquelle M. Lamennais a jugé, a flétri les actes du gouvernement avec autant de vérité que de courage, avec autant d'énergie que de talent. Ces ouvriers ont ensuite exposé combien ils sentaient la gravité de la situation actuelle, et la nécessité où sont les hommes du peuple de se tenir prêts à tous les événements. La lâcheté du pouvoir, les menaces de l'Europe, les présages de violence et de réaction à l'intérieur, leur ont paru des raisons suffisantes pour que tous les hommes de cœur, tous les amis de la révolution se réunissent dans un sentiment commun, et que leur attitude résolue arrête et repousse s'il le faut la contre-révolution, qui se prépare à terminer par la force l'œuvre qu'elle poursuit avec tant d'obstination...

« M. Lamennais s'est montré fort touché de la démarche des ouvriers ; il les en a remerciés en les assurant que leurs témoignages venaient lui prouver mieux encore qu'il ne s'était pas trompé en remplissant un devoir de conscience. Il s'est ensuite expliqué sur la situation, qui est très-périlleuse à ses yeux, mais qui le deviendrait plus encore si la nation pouvait supporter les lâchetés ou les violences dont on la menace. Toutefois l'honorable écrivain a recommandé aux ouvriers le calme, l'union et la prudence. Point d'action intempestive, point de mouvement irréfléchi et désordonné.

« Après une courte discussion, les ouvriers se sont retirés en promettant à M. Lamennais de suivre ses conseils.

« Nous recevons ce soir une lettre de deux cents ouvriers qui s'associent à cette manifestation, et qui nous prient de remercier, en leur nom, tous les écrivains qui ont défendu la cause du peuple. »

(*National du* 26 *octobre.*)

« Une corporation d'ouvriers qui n'avait pu prendre part dimanche dernier à la démarche faite par les autres corps d'état près de M. F. Lamennais, lui a député ce matin huit de ses membres pour lui exprimer les mêmes sentiments, à l'occasion du courageux écrit qui est devenu l'objet des poursuites du pouvoir. En lui disant combien ils souffraient comme Français de l'état d'abaissement où la politique du 7 août a placé la France, et des hontes où il l'a plongée, ils lui ont promis leur concours pour la grande cause de la réforme dont ils sentent vivement l'importance. M. Lamennais leur a répondu que les sympathies dont ils étaient l'organe l'encourageaient à marcher avec plus de zèle encore, s'il était possible, dans les voies où il est heureux et fier d'avoir rencontré le peuple. »

(*National du* 31 *octobre.*)

« Les persécutions du pouvoir envers M. Lamennais lui ont procuré de bien touchantes compensations. De tous les pays civilisés où se rencontrent de nobles cœurs qui souffrent pour une cause sainte, il lui est arrivé des témoignages d'une sympathie profonde. L'autre jour, nous recevions de Bruxelles une lettre adressée à cet illustre écrivain par les prisonniers que le juste-milieu a frappés. Aujourd'hui, on nous envoie de Londres la lettre suivante, écrite par l'association des ouvriers italiens, présidés par M. Mazzini :

A M. Lamennais.

Londres, 22 novembre 1840.

« Les ouvriers italiens formant une section de l'association nationale, *la Giovine Italia*, m'ont chargé de vous adresser de leur part un cachet comme symbole de leur ferme adhésion aux principes pour lesquels vous endurez la persécution, et pour que vous vous rappeliez quelquefois, en le regardant, qu'eux aussi vous honorent et vous aiment.

« Ils vous honorent pour le génie que Dieu vous a donné; ils vous aiment pour l'usage que vous en faites.

« Ils savent que dans toute votre carrière, vous n'avez eu, lors même que vous paraissiez vous séparer le plus des apôtres de la démocratie, qu'une seule inspiration, l'amour du peuple; qu'une seule chose en vue, le bien moral, intellectuel et matériel du peuple. Vous avez, pour trouver des éducateurs et des protecteurs au peuple, frappé à toutes les portes, essayé de tous les pouvoirs. Rois, papes, clergé chrétien, aristocratie vous ont déçu, anathématisé, trompé.

« Vous avez senti que la vie de Dieu, intelligence et amour, n'était plus là; que pour trouver l'inspiration des choses futures et le dévouement pour les accomplir, il fallait descendre aux entrailles de la société, au sein de ce peuple d'où le Christ est sorti et pour lequel il est mort; et vous êtes venu au milieu de nous. Restez-y toujours. Dieu et le peuple ne vous trahiront pas. Le peuple vous donnera son amour en échange de la sainte parole que vous lui prêchez. Et Dieu répandra sur votre vie et sur votre mort la bénédiction des grandes espérances et de ce calme prophétique qu'ignorent les méchants qui vous persécutent.

« Vous comprendrez la pensée toute religieuse qu'on a voulu exprimer sur le cachet que je vous adresse: *Dieu et humanité.* Un seul maître au ciel, un seul interprète de sa loi sur la terre, c'est là le résumé de la foi de ceux qui en ont décidé l'envoi. Cette foi, ils ont entrepris de la faire germer, au sein de leurs frères, dans la patrie que Dieu leur a donnée comme atelier de travail pour le progrès de tous. Puisse votre forte, votre ardente parole leur être longtemps en aide, comme leur affection vous accompagnera jusqu'à la fin de votre carrière terrestre.

« Pour l'union des ouvriers italiens :

« Votre ami dévoué,

« J. Mazzini.

« Le secrétaire,

« Ph. Pistrucci. »

Voici la réponse de M. Lamennais :

A MM. les ouvriers italiens à Londres.

Paris, 8 décembre 1840.

« Je conserverai bien précieusement la lettre que vous m'avez fait l'honneur de m'écrire, et le cachet qu'elle accompagnait. Je ne suis rien, je ne puis rien; mais vous avez voulu encourager mes faibles efforts pour la défense des vérités qui sauveront le monde. Nous avons en elles la même foi, et dans la lutte du bien contre le mal, de la vieille société contre celle qui cherche à naître, nous croyons fermement au triomphe final de *Dieu et de l'humanité*, de Dieu principe et terme de toutes choses; de l'humanité, qu'il conduit par des voies mystérieuses à l'accomplissement de ses destinées; et ces destinées seront belles, car ce sera vraiment le règne du Père céleste sur la terre, le règne de la justice et de la charité. Qui ne se réjouirait de souffrir pour coopérer à cette œuvre magnifique de la sagesse suprême et de l'éternel amour.

« J'ai vu l'Italie, et je n'ai pu la voir sans l'aimer, sans croire qu'un grand avenir lui était réservé, et que, dans la transformation prochaine, elle aurait de hautes fonctions à remplir. Qu'elle s'y prépare par un travail actif et profond sur elle-même; que, dans une pensée d'unité parfaite, elle se dégage de ses mille entraves, notamment de celle qui tient l'esprit pour mieux lier le corps, des préjugés de lieu et des funestes jalousies nationales : n'êtes-vous pas tous frères? Qu'elle secoue la torpeur de son inertie; que, prenant confiance en elle-même, elle s'exerce aux saints dévouements, à la pratique laborieuse du devoir; qu'elle se fasse des mœurs pures et fortes. Alors maîtresse d'elle-même et invincible désormais, elle cessera de lever la tête pour chercher hors d'elle à l'horizon le point d'où le salut lui doit venir. Son salut, ce sera sa foi même, et la résolution inébranlable de chacun de ses enfants de mourir, s'il le faut, pour elle. Gloire aux confesseurs, aux martyrs!

« Peut-être ne me sera-t-il pas donné, Messieurs, de voir aucun de vous en cette vie, qui passe comme une ombre; mais il en est une autre où nous nous verrons. Recevez les vœux ardents que je forme pour vous, pour votre patrie, qui m'est particulièrement chère, et qu'à jamais nous soyons unis par le fond du cœur en Dieu et en l'humanité.

« Votre ami très-dévoué,

« F. LAMENNAIS. »

(*National* du 25 décembre.)

Enfin, le jour même où les débats devaient s'ouvrir à la Cour d'assises, le *National* publiait l'article suivant :

M. F. LAMENNAIS DEVANT LE JURY.

C'est demain que M. Lamennais comparait devant le jury. Nous nous sommes demandé déjà plusieurs fois ce qu'il pouvait y avoir de commun entre la Cour d'assises et un homme qui est une des gloires de la France, de l'Europe, et dans la personne duquel ses adversaires eux-mêmes révèrent la double puissance du génie et de la vertu. N'en doutez pas, c'est ce génie, cette vertu même qui offusquent le pouvoir ; ce sont ceux qu'il persécute, qu'il traîne au pied de ses tribunaux, et qu'il brûle d'ensevelir dans l'ombre silencieuse et froide de ses cabanons. Inintelligent à la fois et immoral, le triste régime qui nous exploite et nous perd s'irrite contre tout ce qui ne lui ressemble pas ; le spectacle de la moralité intelligente est pour lui un reproche vivant et une formidable accusation. Le procès intenté à M. Lamennais n'a pas d'autre cause.

Mais cet ostracisme aveugle et brutal ne s'exécutera pas ; entre M. Lamennais et le pouvoir, il y a le jury. Quoiqu'on ait tout fait pour tronquer, pour fausser dans son principe et dans ses applications cette grande institution dont la conquête nous a tant coûté, nous avons confiance dans les hommes appelés à la représenter dans cette circonstance importante. Ils se souviendront qu'ils sont investis du plus glorieux, du plus saint privilége dont il soit donné à des hommes de jouir ; ils sont la justice du pays. Ils rempliront leur mandat social, nous en sommes certains, avec toute la conscience, toute l'intégrité qui conviennent à des citoyens.

Nous ne leur recommandons qu'une chose, c'est d'être eux-mêmes et de ne pas laisser surprendre leur religion par des interprétations mensongères et par de perfides insinuations. Accueillant, propageant, créant, peut-être, au profit de ses mauvaises passions et de ses sombres rancunes, des bruits calomnieux, le pouvoir s'efforce de faire de l'illustre auteur des *Paroles d'un Croyant* une espèce d'énergumène de carrefour, armé des torches de l'incendie, un nouveau Babeuf prêchant la destruction de la famille et de la propriété ; de pareilles allégations ne seraient justiciables que du ridicule et du mépris, si elles n'étaient machiavéliquement calculées pour faire impression sur le jury et pour obscurcir ses lumières naturelles.

Jurés de la France, vous verrez M. Lamennais, vous l'entendrez, et, à la première parole sortie de sa bouche, vous sentirez l'odieuse fausseté des imputations qui l'ont conduit devant vous. M. Lamennais est le devoir incarné; personne n'en a le sentiment plus profondément gravé dans son cœur; il n'a cessé de le prêcher au peuple sous toutes les formes et avec la puissance et l'entraînement d'une conviction profonde. Tandis que d'autres cherchent à égarer les masses par des déclamations furibondes, il ne cesse, lui, de leur répéter que toute grandeur, toute puissance est dans l'ordre; que le travail est la loi du monde; que le plus noble attribut de l'homme est le dévouement; que, en un mot, il ne peut exister de stabilité sociale et de bonheur individuel que dans le divin accord du droit qu'on exerce et du devoir qu'on accomplit.

Il fait plus que de le dire, il le démontre par tout ce que la logique a a de plus rigoureux, la raison de plus austère et de plus élevé : au moment même où le parquet forgeait dans l'ombre ses foudres banales et surannées, M. Lamennais donnait à la France, sous un titre modeste : *Esquisse d'une Philosophie,* un monument intellectuel destiné à faire époque dans les fastes de l'esprit humain. Eh quoi! tandis que l'Europe médite avec admiration et nous envie ce livre magnifique, la France en témoignerait sa gratitude à l'auteur par l'amende et la prison!....... C'est impossible! Que dirait le monde? Que dirait la postérité?

(*National du* 26 *décembre* 1840.)

DÉBATS.

COUR D'ASSISES DE LA SEINE.

AUDIENCE DU 26 DÉCEMBRE 1840.

Présidence de M. FERCY.

MM. AGIER et AYMARD, conseillers.

Longtemps avant l'ouverture des portes, les abords de la Cour d'assises sont encombrés d'une foule considérable. Les habitués des solennités judiciaires sont obligés de remonter bien loin dans leurs souvenirs pour se rappeler une pareille affluence.

Dès neuf heures du matin, des avocats, des magistrats, des gens de lettres, des députés, des dames, se pressent dans l'enceinte de la salle d'audience. Toutes les places sont envahies, et pendant plus d'une heure, on entend les vives réclamations des personnes qui ne peuvent parvenir à s'asseoir.

A dix heures moins un quart, on voit entrer M. Lamennais, accompagné de Me Adrien Benoît, son parent et son conseil. La modestie seule de cet honorable avocat l'avait empêché de se charger d'une défense que la confiance et l'amitié de M. Lamennais lui avaient primitivement destinée. Cette mission fut plus tard confiée au talent éprouvé de Me Mauguin.

M. Lamennais, dont la présence excite une vive sensation, est immédiatement entouré de nombreux amis, parmi lesquels on remarque MM. Chateaubriand, Cormenin, Garnier-Pagès, David (d'Angers), Charles Didier. On remarque aussi dans l'auditoire un membre du parlement anglais, plusieur députés, MM. Larabit, Roger (du Loiret), et d'autres notabilités de la magistrature, du barreau et de la presse.

A dix heures et demie, les accusés sont appelés dans la salle du conseil pour assister au tirage du jury.

Bientôt après la Cour entre en séance. M. Partarrieu-Lafosse, avocat général, occupe le siége du ministère public.

Mes Mauguin et Adrien Benoît, avocat et conseil de M. Lamennais, et Me Coralli, membre de la Chambre des députés, avocat de M. Pagnerre, prennent place au banc de la défense, à côté des prévenus.

M. LE PRÉSIDENT. Il y a aux bancs du barreau des personnes en habis bourgeois qui ne doivent pas y rester; je ferai la même observation à l'égard des personnes qui sont assises d'une manière qui n'est pas convenable sur les marches de la Cour et sur les marches du banc de MM. les jurés. La police de l'audience exige qu'ils se retirent : le banc de MM. les jurés doit être isolé.

Une grande agitation succède à cet avertissement. Les personnes dépossédées de leurs places se tiennent debout.

M. LE PRÉSIDENT. Personne ne doit rester debout; les personnes qui ne peuvent trouver à s'asseoir doivent se retirer.

Au bout de dix minutes le calme se rétablit, et M. le président procède à l'interrogatoire des prévenus.

M. LE PRÉSIDENT, à M. Lamennais. Quels sont vos noms et prénoms?

M. LAMENNAIS : Félicité-Robert Lamennais.

D. Votre âge? — R. Cinquante-huit ans.

D. Votre profession ? — R. Écrivain.

D. Où êtes-vous né? — R. A Saint-Malo.

D. Votre demeure? — R. 27, boulevard des Italiens.

M. LE PRÉSIDENT. M. Pagnerre, quels sont vos noms et prénoms? — R. Antoine-Laurent Pagnerre.

D. Votre âge? — R. Trente-cinq ans.

D. Votre profession? — R. Éditeur.

D. Où êtes-vous né? — R. A Saint-Ouen-l'Aumône.

D. Où demeurez-vous? — R. Rue de Seine, 14 *bis*.

Le greffier donne lecture de l'arrêt qui renvoie MM. Lamennais et Pagnerre devant la Cour d'assises.

M. LE PRÉSIDENT, à M. Lamennais. Vous vous reconnaissez l'auteur de l'ouvrage incriminé?

M. LAMENNAIS : Oui, monsieur.

D. Avez-vous des explications à donner? — Non, monsieur ; rien de particulier.

M. LE PRÉSIDENT, à M. Pagnerre. Vous vous reconnaissez l'éditeur de l'ouvrage incriminé? — R. Oui, monsieur.

D. En aviez-vous pris connaissance avant la publication? — R. Je l'avais lu sur les épreuves.

D. Vous n'y avez rien vu qui dût en arrêter la publication? — R. Non, monsieur.

D. Et vous en acceptez la responsabilité comme éditeur. — R. Oui, monsieur.

M. LE PRÉSIDENT. Avant de donner la parole à M. l'avocat général, nous recommandons à toutes les personnes présentes le plus profond silence. Nous leur rappelons que toutes marques d'approbation et d'improbation sont formellement interdites. Si cette règle était enfreinte, nous userions avec la plus grande rigueur des pouvoirs qui nous sont donnés par la loi. La parole est à M. l'avocat général.

RÉQUISITOIRE DE M. PATARRIEU-LAFOSSE.

La célébrité qui s'attache au nom d'un homme peut, lorsqu'il s'agit de délits commis par la voie de la presse, être envisagée sous un double aspect.

Certains esprits, sans se rendre bien compte de leur idée, peuvent voir dans cette célébrité une sorte de préservatif contre la poursuite. Sans oser précisément le dire, ils peuvent être portés à penser qu'il n'y a point de délits à une certaine hauteur d'intelligence, que les écrivains d'une certaine trempe sont justiciables de la critique et des lois du bon goût, mais qu'ils n'ont point de responsabilité à subir devant la législation pénale du pays.

Le ministère public n'est étranger à aucune des sympathies que l'amour du beau fait naître, et il met qui que ce soit au défi de placer l'intelligence plus haut qu'il ne le fait. Mais il lui appartient de protester contre une doctrine qui troublerait gravement la sécurité sociale, et introduirait parmi nous une inviolabilité qui ne serait ni légale ni raisonnable. Il lui appartient de dire avec le bon sens et la vérité que, plus l'écrivain est célèbre, plus le mal qu'il peut faire est grand ; que plus sa parole est incisive, initiée à toutes les souplesses et à toutes les séductions de l'art, plus ses erreurs peuvent faire des prosélytes et ses passions trouver de dangereux échos.

Le ministère public ouvre donc les tables de la loi, les tables écrites pour tous. Il les interroge avec le sang-froid du juge. Et quand, rapprochés d'elle, les textes d'un livre lui offrent les délits les plus évidents, peu lui importe, messieurs, qui a signé le livre, il agit. Il agit, parce que ne pas agir serait donner à tous le plus déplorable scandale, celui des lois condamnées à l'impuissance ; il agit, regrettant sans doute qu'une grande renommée se soit à ce point égarée et compromise, mais se disant qu'après tout dans un pays libre, dans un pays qui professe un si vif attachement pour l'égalité, il n'est point de tête tellement haute qui ne se doive courber sous le joug salutaire d'un juste châtiment.

C'est sous l'empire de ces considérations que nous avons, il y a deux mois, dirigé des poursuites contre le prévenu Lamennais, en même temps que contre son éditeur, Pagnerre, et qu'après avoir fait défaut à un premier appel, il comparaît enfin aujourd'hui devant vous.

Une brochure signalée à votre justice fut publiée vers le 15 octobre 1840, sous ce titre : *Le Pays et le Gouvernement.* On sortait alors à peine des crises terribles amenées par les nombreuses coalitions d'ouvriers qui, pendant près de quinze jours, avaient répandu la perturbation dans toute l'industrie, et, par des rassemblements considérables, semé l'alarme dans plusieurs quartiers de Paris. D'un autre côté, la question la plus brûlante qui eût surgi depuis la révolution de Juillet, la question de la paix ou de la guerre avec l'Europe, était venue exciter toutes les susceptibilités de l'orgueil national, toujours si promptes à s'éveiller dans notre France. Le format seul de ce petit ouvrage, son prix qui n'était que de 75 centimes, indiquaient assez que ce n'était point une de ces œuvres savantes, fruit d'un labeur prolongé, qui ne s'adressent qu'à un public d'élite, aux hommes d'étude et de méditation. Evidemment, au contraire, celle-ci s'adressait aux masses, à ces ouvriers dont les émotions étaient loin d'être calmées, et qui furent en effet des premiers à témoigner de leur vive satisfaction à l'auteur. La nature des accusations, les formes mêmes du style, par leur amertume et par leur violence, attestaient que l'écrivain avait, de dessein formé, choisi tout ce qu'il y avait de plus irritant pour remuer plus efficacement la partie de la population la plus irritable.

En fait de presse, les délits étant dans l'ouvrage, lire, c'est prouver. Nous allons donc lire ; et vous verrez que le titre résume bien le livre, car le pays et le gouvernement y sont présentés dans un antagonisme complet sur toutes choses, tellement que le gouvernement est la honte du pays, et qu'une réforme, une réforme complète et radicale, portant jusqu'aux bases de la société, est le seul moyen de délivrer la France de l'opprobre qui lui est infligé depuis dix ans.

L'autenr n'a pas caché sa pensée ; il faut lui reconnaître ce mérite. Il a divisé son ouvrage en trois portions bien distinctes : une préface qui annonce son but; des développements qui expliquent la pensée, et enfin une conclusion où il se résume sur les moyens propres, suivant lui, à remédier aux maux qu'il a signalés.

Voici ce que nous regardons comme une préface, quoique l'auteur ne lui ait pas donné ce titre :

« La position de la France s'aggrave si rapidement, que les plus « aveugles commencent à s'en effrayer. Elle recueille les fruits du « système invariablement suivi par les quinze ou vingt ministères que « nous avons vus se succéder depuis les stériles victoires de juillet. « Elle moissonne ce qu'a semé un pouvoir qui semble n'avoir eu, dès « son origine, que deux pensées, la trahir au dehors, l'asservir au « dedans, fonder sur les ruines de la révolution qui la fit si grande, un « abject despotisme vassal des trônes qu'ébranla tant de fois sa glo- « rieuse épée.

« Les Romains, voulant se donner des lois écrites, élurent les dé- « cemvirs, et les investirent d'une autorité sans limites. Afin de per- « pétuer en leurs mains la puissance qu'on leur avait imprudemment « confiée, ils groupèrent autour d'eux des hommes tels qu'il s'en « trouve toujours, prêts à servir la tyrannie pour en partager les pro- « fits exécrables. Tous ensemble se liguèrent contre le peuple. Rome « ploya sous leur oppression. Livrée à l'arbitraire hypocritement voilé « de quelques formes légales, maintenue dans cette ignoble sujétion « par la violence et par la terreur, elle porta le poids des destinées « qu'elle s'était faites. « Il n'y eut plus dans la ville, dit Montes- « quieu, que deux sortes de gens; ceux qui souffraient la servitude, et « ceux qui, pour leurs intérêts particuliers, cherchaient à la faire « souffrir... Les peuples voisins ne trouvèrent de résistance nulle « part. »

Avant d'aller plus loin, dit M. l'avocat général, nous vous devons une observation capitale sur un des délits reprochés aux prévenus, celui d'excitation à la haine et au mépris du gouvernement du roi. On s'est souvent demandé ce qu'était ce délit en présence du texte légal qui dit que la censure des actes des ministres est dans le droit de la presse. Mais un des orateurs les plus puissants de la tribune nationale, M. de Serre, s'est chargé de fournir le commentaire de la loi ; et vous allez voir que ce qu'a écrit M. Lamennais est précisément ce que M. de Serre supposait comme devant constituer, avec évidence, le délit d'excitation à la haine et au mépris du gouvernement : « Qu'on prenne par exemple, a dit cet orateur dans la discussion de la loi de 1819, toute notre histoire depuis le commencement de la Restauration, qu'on la représente comme plongée dans l'*opprobre* et dans le deuil; certes alors on excite à la haine et au mépris du gouvernement, car il n'y a plus qu'une dernière impulsion à donner aux peuples pour les pousser à la révolte. » Eh bien! maintenant, ouvrons l'écrit incriminé; dès les premières pages on y retrouve presque exactement les mots prononcés par M. de Serre :

« Ce qu'était Rome sous les décemvirs, la France l'est aujourd'hui
« sous le gouvernement dont elle subit l'opprobre; et nous allons le
« prouver.
« Cette preuve ne sera malheureusement pas difficile à fournir. Elle
« résultera du simple exposé des actes du pouvoir à l'extérieur et à
« l'intérieur. Raconter ce qu'il a fait, ce sera tout dire : il sera lui-
« même son accusateur. »

Dans la partie intitulée : EXTÉRIEUR[1], M. l'avocat général cite à l'appui du chef d'accusation d'excitation à la haine et au mépris du gouvernement du roi les passages suivants :

« Qu'était en 1830 la politique du pays?
« D'abord d'assurer sa sécurité en déchirant les traités de Vienne,
« et reculant ses frontières jusqu'aux limites fixées par la nature elle-
« même, de s'appuyer au Rhin et aux Alpes; puis de se créer des alliés
« en propageant ses principes civilisateurs, en tendant la main aux
« peuples qui se levaient, soit pour secouer le joug étranger, soit pour
« conquérir des institutions libres.
« Quelle fut la politique du pouvoir?
« Sur le premier point, l'acceptation du traité de Vienne, qui nous
« dépouille d'une portion de territoire et de plusieurs places fortes
« que nous possédions depuis Louis XIV, ouvre à l'ennemi l'entrée de
« la France, et le place à sept journées de marche de Paris.
« Sur le second point, de séparer de la cause nationale celle de la
« monarchie du 7 août; de mendier près de la sainte-alliance un outra-
« geux pardon; de se faire tolérer d'elle en lui sacrifiant l'honneur du
« pays, ses intérêts, ses libertés, sa sûreté même, et en s'associant à la
« conspiration de l'absolutisme contre les peuples.

« Au premier moment, on parut vouloir seconder leurs mouve-
« ments ; on les excita même. Bientôt après, se sentant plus fort, on se
« borne à proclamer le principe équivoque de non-intervention.
« M. Molé déclare qu'il sera, quant au gouvernement dont il dirigeait
« alors les conseils, la base du droit international. Déception, fourbe-
« rie. Partout où se produisent des tentatives d'affranchissement, les
« puissances interviennent, et on le souffre. On abandonne à leur dis-
« crétion les petits États de l'Allemagne. L'Italie est trahie, la Pologne
« est trahie, l'Espagne délaissée. La Belgique, après sa révolution, as-
« pire à rentrer dans l'unité de la France, pour laquelle elle devenait
« une barrière contre l'invasion. On repousse ses vœux, parce qu'on
« en reçoit l'absolu commandement, parce que l'on n'a rien à refuser à
« nos ennemis et aux siens, parce que, pour obtenir grâce, on a résolu
« d'abaisser, d'humilier devant eux la grande nation dont le réveil les
« effraie, d'obéir à leurs ordres les plus insolents, de jeter à leurs pieds
« la France nue et muette. »

Puis pages 21 et 22 :

« Nous ne finirions point s'il fallait suivre le pouvoir dans tous les
« détails de sa lâche politique, si nous le montrions, par exemple, ac-
« ceptant l'insulte faire à notre pavillon par le gouverneur de l'île
« Maurice, ou docile aux ordres émanés de toutes les cours absolutistes,
« se rendre le ministre de leurs vengeances contre les malheureux ré-
« fugiés. Qui ne se souvient du comte Gonfalonieri, du général Dwer-
« nicki et de mille autres?

« A quoi cependant ont abouti tant d'indignes concessions, tant de
« bassesses, une résignation si entière à tous les outrages, un si com-
« plet abandon des premiers, des plus pressants intérêts de la France,
« de sa dignité, de son honneur? Que se cachait-il sous ce voile de
« honte? on va le voir enfin. »

Puis encore, de la page 39 à la page 46 :

« Et voyez avec quelle outrageante et froide ironie elles osent provo-
« quer la nation qui les vainquit tant de fois, comme elles se tiennent
« sûres que la France courbera humblement la tête, qu'elles n'ont

« à craindre d'elle aucune résistance, qu'elle restera inactive et muette « comme si déjà elles y commandaient !

« On conçoit parfaitement, au reste, cette confiance arrogante et cet « insultant mépris, quand on reporte ses regards sur le pouvoir à qui « nous sommes livrés. Qu'a-t-il fait? Au premier bruit du traité de « Londres, il pousse un cri d'indignation, il déclare au pays que son « honneur et ses intérêts l'obligent également à ne pas souffrir que ce « traité s'exécute. Ce langage dure trois jours, le temps nécessaire « pour consommer certaines opérations de bourse. Ensuite on biaise, « on ruse, on feint de croire que les quatre puissances s'arrêteront de- « vant les réclamations suppliantes de notre diplomatie ; certes, on « n'ignorait pas de quelle manière elles les accueilleraient. Elles décla- « rent hautement qu'elles accompliront ce qu'elles ont résolu ; elles « prodiguent le sarcasme, le dédain, la raillerie amère ; elles affirment « qu'on ne tentera même pas de s'opposer à leurs desseins, qu'on ne « l'oserait pas ; elles jettent à la France un insolent défi ! A ce défi on « répond en disloquant notre flotte, en rappelant l'homme, en cette « circonstance, le plus capable de la commander. A l'intérieur, on se « hâte de conclure des marchés onéreux, on appelle sous le drapeau « quelques milliers de soldats, mais on laisse les places fortes et les « côtes désarmées, l'artillerie et la cavalerie démontées, se bornant à « quelques achats insignifiants de chevaux, pour endormir la crainte et « des soupçons trop justes. Réorganiser la garde nationale, la mobiliser, « assembler les Chambres, on s'en garde bien ; mais on dépasse de deux « cents millions les crédits accordés par elles, et l'on embastille Paris. « On viole les lois, la charte, pour s'y fortifier contre *les agressions du* « *dedans* et contre celles du dehors ; c'est-à-dire, en termes nets et « clairs, pour tenir la capitale d'une nation libre, ou qu'on dit libre, « sous la continuelle appréhension du bombardement et de la famine.

« Certes, en tout cela l'on ne saurait voir que la continuation du « système politique suivi à l'intérieur avec une constance qui ne s'est « pas démentie un instant.

« Pour apprécier ce système, supposons que la France ait été con- « quise, qu'elle soit occupée par ses ennemis, et cherchons ce qu'ils fe- « raient dans le cas où, résolus à se la partager, elles jugeraient pru- « dent, pour rendre ce partage plus facile, de n'y pas procéder immé- « diatement.

« Une administration composée d'hommes français, de nom du moins, « leur serait d'abord indispensable : mais cette administration, choisie

« par eux, devrait leur être entièrement soumise, n'agir que par leurs « ordres.

« Et que lui serait-il ordonné? D'attaquer au dedans les principes « qu'ils craignent, de les détruire par la violence, la ruse et la corrup- « tion; d'abattre l'une après l'autre toutes les libertés; de façonner le « pays au joug, d'y étouffer le sentiment national, et d'y substituer, « avec des habitudes d'isolement, cet esprit d'égoïsme qui tue les peuples « et les déshonore.

« Que lui ordonneraient-ils encore? D'abandonner à l'extérieur les « intérêts de la France, de les sacrifier en toute occasion à leurs inté- « rêts; de l'abaisser à ses propres yeux et aux yeux de l'Europe, aux « yeux du monde entier; de faire d'elle un objet de mépris pour les « autres nations; de la parquer au milieu d'elles sans puissance, sans « alliances, ignoble jouet de quiconque daignerait descendre jusqu'à « l'insulter.

« Ils ordonneraient de désorganiser à petit bruit ses moyens de dé- « fense; de rendre l'armée faible contre eux, forte contre le peuple; « de la séparer de lui, de l'éloigner des frontières ouvertes, de la con- « centrer dans les lieux où les affaires et l'industrie agglomèrent des « masses imposantes de population, afin de les contenir par la terreur; « d'élever dans les cités principales des citadelles toujours prêtes à les « foudroyer au moindre mouvement; de les multiplier surtout dans la « capitale, de l'en enceindre s'il se pouvait, et d'en placer les habitants « sous l'incessante menace de deux mille bouches à feu et de cent « mille baïonnettes.

« Voilà ce que ferait, sans aucun doute, une administration de con- « quête, un gouvernement d'occupation. Qu'ont fait tous les ministères « depuis 1830? Que fait celui qui pèse sur la France en ce moment?

Tous ces passages, continue M. l'avocat général, sont une excitation flagrante à la haine et au mépris du gouvernement du roi.

M. de Serre, alors garde des sceaux, a très-bien posé, dans la discussion de la loi de 1819, les limites permises aux écrivains. Ils ont la libre discussion des actes ministériels; mais, avant même la loi de septembre 1835, il leur était interdit de faire remonter les attaques plus haut. Le prévenu ne cherche pas même à déguiser sa pensée, car il parle sans cesse *des ministres du 7 août* 1830. Or, il n'y a point de ministère formé le 7 août, ce qu'il y a eu, je vais vous le dire : il y a eu la déclaration de la Chambre des députés qui appelait au trône Louis-Philippe et ses descendants. La pensée de l'auteur est facile à saisir.

M. l'avocat-général passe à la lecture du chapitre *intérieur :*

« On vient de voir que, si la coalition des ennemis de la France avait « dirigé les conseils de sa politique extérieure, elle n'eût pas été autre « que celle des ministres du 7 août ; qu'elle porte tous les caractères, « nous ne disons pas de l'ineptie, l'ineptie même la plus extrême ne « saurait l'expliquer ; nous ne disons pas seulement de la faiblesse et « de la lâcheté, mais de la trahison.

Trahison ! s'écrie M. l'avocat-général. C'est un mot qui peut être prononcé contre des ministres responsables, dans les termes de la constitution. Mais de qui parle-t-on ici ? Des *ministres du 7 août*. Encore une fois, il n'y a pas de ministère qui porte cette date. Dites-nous donc ce que vous entendez par le 7 *août*.

M. l'avocat général continue :

« Examinons maintenant quel est, à l'intérieur, l'état du pays, et « ce qu'il doit, sous ce rapport, au gouvernement.

« Si tous ses intérêts ont été sacrifiés au dehors, toutes ses libertés ont « été détruites au dedans. Lois sur le jury, sur la presse, sur les crieurs « publics, sur le désarmement des citoyens, nous ne parlons que de « celles en vigueur ; dissolution par ordonnance de la garde nationale « partout où l'on redoutait son patriotisme : tels sont les principaux « moyens qu'on a mis en œuvre pour établir un absolutisme voilé « de quelques formes mensongères d'ordre constitutionnel. S'il en « existe encore, quant au droit écrit, quelque faible apparence, de fait « il est aboli complétement ; à sa place règne un arbitraire chaque jour « plus hardi. »

M. l'avocat général signale ce passage comme portant atteinte au respect dû aux lois. Puis il cite les passages suivants comme renfermant le délit de provocation à la haine entre les diverses classes de citoyens.

« Au-dessus de la masse de la nation réduite à l'ilotisme politi- « que, on a élevé une aristocratie bâtarde que le pouvoir s'est atta- « chée, ou a essayé de s'attacher par tous les moyens de corruption « dont il dispose, par les distinctions prodiguées aux vanités sottes, par

« les emplois, les places rétribuées, les concessions de fournitures, les
» marchés, les faveurs administratives, les priviléges, les monopoles,
« ou directement concédés, ou favorisés indirectement par les tarifs de
« douane. De tout cela, il est résulté une vaste exploitation du pays
« au profit d'une classe d'hommes qui le dévorent. Du centre à la circonférence, pas un lieu n'échappe à cette exploitation organisée, à
« l'action spoliatrice de cette aristocratie, dont les membres, soutenus
« par le pouvoir, se soutiennent mutuellement. C'est, dans un autre
« système, le retour à la féodalité; et les vieilles Gaules eurent moins
« à souffrir de l'invasion des hordes du Nord, que ne souffre la France
« actuelle de ses nouveaux conquérants; car rien n'échappe à la rapacité de ceux-ci.

« Afin qu'on se forme une juste idée de ce qu'elle est devenue sous
« le régime auquel l'ont soumis dix années d'audacieuses violences et
« de ruses infernales, jetons un rapide coup d'œil sur toutes ces
« hontes et toutes ces misères.

« Et d'abord les Chambres. »

M. l'avocat général déclare que ce qui suit n'a pas été incriminé, malgré l'insulte évidente qui s'y trouve contre les grands corps de l'Etat, à cause de la loi qui donne aux Chambres le droit de punir elles-mêmes, et qui ne permet pas dès lors à la justice ordinaire d'intenter des poursuites quand les Chambres gardent le silence :

Puis, revenant sur cette expression d'*aristocratie* bâtarde, M. Partarrieu-Lafosse y voit la bourgeoisie désignée à l'animadversion des classes inférieures.

Il cite encore à l'appui de ce chef d'accusation les passages qu'on va lire :

« Nous marchons rapidement à un état semblable de tout point à celui de l'Irlande, et l'on ne paraît pas même y songer. Qu'importent
« en effet aux planteurs les souffrances des nègres, quand les nègres
« surabondent, et qu'ils n'ont point à les payer?

Pages 96 et 97 :

« Plus de perspective honorable, plus de carrière pour les modernes
« plébéiens, pour les sous-officiers, condamnés à veillir dans leur posi-

« tion subalterne, sacrifiés à messieurs de la cour, à leurs protégés et
« aux protégés de leurs maîtresses. Le soldat désormais n'a eu dans sa
« giberne, au lieu du bâton de maréchal, que l'épaulette de laine du
« sergent et la jambe de bois de l'invalide : véritable prolétaire sous la
« tente et à la caserne. »

Et plus loin, page 98 :

« Surveillés invisiblement, on a traité les soldats français comme on
« traite les escrocs et les filous au sein des grandes villes. »

Puis revenant aux passages qui renferment le délit d'excitation à la haine et au mépris du gouvernement, M. l'avocat général cite, à la page 59, ce qui suit :

« La cour, plus puissante qu'à aucune autre époque, développe son
« système avec une audace croissante. Des monstruosités inouïes ap-
« paraissent. Les préfets sont autorisés à massacrer le peuple à leur
« gré sans aucunes sommations préalables (1). Plus tard des assassins
« embrigadés l'assomment et le poignardent dans les rues de Paris. »

Nous demanderons à la défense, ajoute ici M. l'avocat général, de dire quel jour, en quel lieu des assassins embrigadés ont assommé et poignardé le peuple dans les rues de Paris. Quant à nous, nous opposerons au mensonge de la brochure des faits contemporains de sa publication, la mort du maréchal des logis Lafontaine, traîtreusement frappé au milieu de la rue ; celle du sergent de ville Petit, mutilé de la manière la plus terrible au moment où, avec deux de ses camarades, il voulait résister à des ouvriers qui ont envahi un établissement industriel au nom de la coalition.

« La vénalité se produit au grand jour sans aucune pudeur. Après lui
« avoir livré le présent, afin de lui assurer encore l'avenir, on repousse
« toute réforme, on se rit des demandes de deux cent cinquante mille
« pétitionnaires, on les écarte par un ordre du jour insolent. En même
« temps, on s'abaisse, on s'humilie devant l'Angleterre, on proclame
« ignominieusement sa suzeraineté maritime devant des députés stupi-
« dement muets. Et comment répond-elle à cette lâche flatterie, à cette
« prosternation honteuse ? En se coalisant avec les puissances du Nord

« contre la France, en versant sur elle le mépris à pleines mains. On « feint un instant de sentir l'outrage, et vingt-deux millions de diffé- « rences se partagent entre quelques heureux spéculateurs de bourse. « Viennent ensuite les marchés d'urgence, les pactes frauduleux, les « crédits par centaines de millions, en vertu d'ordonnances qui font « de la charte une dérision. Aussitôt après, ce mouvement de guerre « s'apaise. On accepte l'insulte, on y tend les deux joues, on laisse s'ac- « complir un traité qui doit changer la face de l'Europe, livrer pro- « chainement la Turquie aux puissances alliées contre nous, notre « commerce du Levant à l'Angleterre, nous enlever Alger, et nous « retrancher d'entre les nations. Cependant la conscience de cette in- « fâme, de cette exécrable trahison inquiète les ministres; ils en re- « doutent les suites, ils craignent le réveil de la France et sa trop « juste indignation. Pour eux l'ennemi n'est pas à la frontière, il est à « Paris; ils y concentrent cent mille hommes, et l'environnent de ci- « tadelles pour l'écraser s'il tentait de remuer, ou, au besoin, pour le « réduire par la famine. Ils veulent en faire leur Varsovie. Nous en « sommes là.

« Si de l'ordre administratif nous passons à l'ordre judiciaire, le « tableau est plus sombre encore. Le jury ayant été aboli dans les cau- « ses où il serait le plus nécessaire, le premier de tous les liens sociaux « a été brisé, et la justice même, ou ce qu'on appelle de ce nom, est « devenue, chose monstrueuse, une oppression. »

M. l'avocat général déclare qu'ayant l'honneur de parler devant le jury, il doit expliquer le fait auquel se rapporte l'allusion de la brochure. Il rappelle la disposition bien connue des lois de septembre, qui a attribué facultativement à la Cour des pairs la connaissance des crimes contre la sûreté de l'État qui seraient commis par la voie de la presse. Savez-vous, dit-il, l'usage qui a été fait de cette disposition? Un seul procès de presse a été déféré à la Cour des pairs, c'est celui du sieur Laity. Et vous avez ici même un exemple de la modération avec laquelle les lois de septembre sont appliquées? De quoi s'agit-il ici? Assurément de l'une des causes les plus graves que la presse puisse fournir à la juridiction criminelle, soit par la position du prévenu, soit par le danger de son ouvrage. Au début de la poursuite, la prévention était qualifiée de telle sorte, que M. Lamennais aurait pu être justiciable devant la Cour des pairs; pourtant c'est devant le jury que nous l'avons toujours appelé.

Nous n'avions réclamé que votre juridiction, Messieurs; nous sommes venus devant ceux qu'on a nommés la justice du pays.

Nous continuons :

« La tyrannie s'en est fait une arme d'autant plus dangereuse « qu'elle frappe sous un voile saint. Ce n'est pas, au reste, la première « fois que cela s'est vu dans le monde : ce fut toujours un des caractères « des plus horribles époques de l'humanité. Écoutons derechef Montes- « quieu :

« Il avait une *loi de Majesté* contre ceux qui commettaient quelque « attentat contre le peuple romain. Tibère se saisit de cette loi, et l'ap- « pliqua, non pas aux cas pour lesquels elle avait été faite, mais à tout « ce qui put servir sa haine et ses défiances. Ce n'étaient pas seulement « les actions qui tombaient dans le cas de cette loi, mais des paroles, des « signes, et des pensées même ; car ce qui se dit dans ces épanchements « de cœur que la conversation produit entre deux amis ne peut être re- « gardé que comme des pensées. Il n'y eut donc plus de liberté dans les « festins, de confiance dans les parentés, de fidélité dans les esclaves : la « dissimulation et la tristesse du prince se communiquant partout, l'a- « mitié fut regardée comme un écueil, l'ingénuité comme une impru- « dence, la vertu comme une affectation qui pouvait rappeler dans l'es- « prit des peuples le bonheur des temps précédents.

« Il n'y a point de plus cruelle tyrannie que celle qui s'exerce à l'om- « bre des lois et avec les couleurs de la justice, lorsqu'on va, pour « ainsi dire, noyer des malheureux sur la planche même sur laquelle « ils s'étaient sauvés.

« Et comme il n'est jamais arrivé qu'un tyran ait manqué d'instru- « ments de sa tyrannie, Tibère trouva toujours des juges prêts à con- « damner autant de gens qu'il en put soupçonner. Du temps de la ré- « publique, le sénat, qui ne jugeait point en corps les affaires des « particuliers, connaissait, par une délégation du peuple, des crimes « qu'on imputait aux alliés. Tibère lui renvoya de même le jugement « de tout ce qui s'appelait crime de *lèse-majesté* contre lui. Ce corps « tomba dans un excès de bassesse qui ne peut s'exprimer. »

Et encore : « La vie des empereurs commença donc a être plus assu- « rée; ils purent mourir dans leur lit, et cela sembla avoir un peu « adouci leurs mœurs ; ils ne versèrent plus le sang avec tant de féro- « cité. Mais comme il fallait que ce pouvoir immense débordât quelque « par[illegible] vit un autre genre de tyrannie, mais plus sourde : ce ne fu-

« rent plus des massacres, mais des jugements iniques, des formes de
« justice qui ne semblaient n'éloigner la mort que pour flétrir la vie ;
« la cour fut gouvernée et gouverna par plus d'artifices, par des arts
« plus exquis, avec un plus grand silence; enfin, au lieu de cette har-
« diesse à concevoir une mauvaise action et de cette impétuosité à la
« commettre, on ne vit plus régner que les vices des âmes faibles et les
« crimes réfléchis. »

« En aucune occasion, le pouvoir n'a rien demandé aux tribunaux
« qu'ils n'aient accordé. Il les a fait descendre des hauteurs calmes où
« devrait constamment se maintenir la justice sociale, pour les trans-
« former en un ressort de sa politique. Les lois se prêtent à tout, quand
« on en use avec habileté; et, lorsqu'elles cessent de se prêter à ce que
« l'on veut d'elles, on passe outre, parce que c'est encore un des ca-
« ractères de la société qu'on nous a faite, qu'il n'y existe aucun re-
« cours contre les abus judiciaires, ni contre les abus administratifs. A
« qui vous plaindrez-vous de la magistrature? A la magistrature; elle
« est souveraine, elle se juge elle-même, et l'on sait ce que c'est que
« l'esprit de corps. De qui réclamerez-vous justice contre l'administra-
« tion? De l'administration; elle seule a le droit, elle seule a le pou-
« voir de réformer ses propres actes. Et qu'est-ce que cela, sinon la
« consécration de l'arbitraire, l'organisation de la tyrannie?

« Dans tous les temps, ce que l'on nomme les délits politiques ont été
« déterminés par les intérêts, les passions, les défiances, les craintes
« soupçonneuses de ceux qui gouvernaient, et ont varié avec les hom-
« mes et avec les choses, crimes aujourd'hui, vertus demain. Dans
« tous les temps aussi, selon la remarque de Montesquieu, il s'est trouvé
« des juges prêts à condamner autant de gens que le pouvoir, dans les
« alarmes de sa conscience, dans les visions sinistres de ses nuits sans
« sommeil, en pouvait soupçonner; et la même faiblesse d'âme qui fait
« que l'on condamne, fait encore que l'on cherche l'occasion de con-
« damner, et qu'on aggrave la condamnation. Alors, plus de sûreté
« pour personne, à moins que l'on ne ploie silencieusement la tête sous
« l'oppression; alors la haine, la peur, le désir intéressé de découvrir
« des preuves, deviennent des preuves; alors on a des juges, dont le
« métier est d'expédier les accusés comme le bourreau les condamnés :
« purs instruments de torture et de mort, hommes-potences.

« Qu'était la justice politique devant le tribunal de Fouquier-Tain-
« ville, les commissions militaires de l'empire, les cours prévôtales de

« la restauration? Qu'est-elle aujourd'hui? Nous l'avons vue à l'œuvre,
« nous la connaissons.

M. l'avocat général s'élève avec force contre ces attaques dirigées contre la magistrature. Il rappelle les souvenirs des parlements et des tribunaux de la restauration ; il signale l'indépendance dont ils ont donné tant de preuves. Il cite les arrêts rendus sous la restauration, dans des circonstances mémorables, en faveur du *Constitutionnel*, du *Courrier Français*, du *Journal des Débats*, alors que la Cour royale jugeait les délits de presse sans intervention du jury.

« Il n'est pas même besoin, pour exciter son zèle, que le motif poli-
« tique intervienne directement ; il suffit qu'elle ait à complaire à l'a-
« ristocratie d'argent, inquiète sitôt que ses serfs osent élever la voix et
« demander du pain. Ce cas s'est présenté récemment. Les ouvriers en
« masse se sont adressés à l'autorité pour obtenir qu'on leur permît de
« discuter paisiblement avec les maîtres, par l'intermédiaire de délé-
« gués respectifs, les conditions de leur travail. Comment leur a-t-on
« répondu? En les assommant sur le pavé des rues, et en les entassant
« par centaines dans les prisons. Vient ensuite le jugement. Des maî-
« tres même se présentent pour les justifier, pour rendre témoignage
« de leur bonne conduite : on leur impose silence; on veut condamner,
« on le dit hautement, et l'on condamne en effet avec une rigueur dont
« le public stupéfait est contraint de chercher les motifs là où il est tou-
« jours dangereux qu'on les trouve. En trois heures, cinquante-six
« jugements. On ne taxera sûrement pas cette justice de lenteur. Mais
« il y a des compensations.

A la suite de ce passage, M. l'avocat général cite la note de la page 75, ainsi conçue :

« Je ne sache rien qui méritât davantage d'être loué, encouragé,
« rien de plus touchant dans sa simplicité calme, que la décision prise
« par la commission des tailleurs de pierres. L'humanité et la raison
« ne parlèrent jamais un langage plus digne; et c'est pourquoi nous
« croyons devoir reproduire ici cette décision que le ministère public
« a particulièrement incriminée.

. . . .

. . . .

« Tous les délégués ont été condamnés, et plusieurs à deux années
« d'emprisonnement et deux ans de surveillance. »

Vous le voyez, continue M. l'avocat général, l'auteur donne de grands éloges à la déclaration des ouvriers tailleurs de pierres qui s'étaient coalisés. Il prétend que les délégués ont *tous* été condamnés à deux années de prison et deux ans de surveillance (1).

Eh bien ! tous les journaux ont rendu compte de ce procès. Les délégués ont été condamnés, les uns à un mois, les autres à huit jours d'emprisonnement; un seul, le sieur Vigny, avait été traité plus sévèrement par le motif même qu'il n'était point tailleur de pierres et qu'on l'avait regardé comme instigateur de la coalition; il avait été condamné seul à deux ans de prison et trois ans de surveillance. Sur l'appel, la Cour, usant de plus d'indulgence que les premiers juges, lui a fait grâce de la surveillance.

Vous voyez combien la justice est douce.... (Des rumeurs éclatent au fond de l'auditoire.)

M. LE PRÉSIDENT. Si ces murmures se renouvellent, nous ferons sortir indistinctement toutes les personnes qui existent dans l'auditoire, et nous ne ferons pas une seconde fois cet appel au silence.

M. PARTARRIEU-LAFOSSE. Vous allez entendre le prévenu Lamennais se récrier contre les arrestations préventives. Eh bien ! en matière de presse, les écrivains ne sont jamais cités, soit devant la Cour d'assises, soit devant les tribunaux correctionnels, que sur un simple mandat de comparution. Vous en avez la preuve sous vos yeux : M. Lamennais et M. Pagnerre, son éditeur, sont arrivés libres à cette audience, et cependant on leur imputait, dans le premier moment, un crime pour lequel les juges auraient dû nécessairement décerner contre eux des mandats de dépôt, même en les renvoyant devant le jury.

Cependant le prévenu n'a pas craint de dire que jamais ministre,

(1) En rapprochant le texte cité de l'affirmation de M. Partarrieu-Lafosse, que nous rapportons d'après *le Journal des Débats*, il est facile de voir que M. l'avocat général qui, dans sa réplique, a accusé M. Lamennais de mensonge, à l'occasion de ce passage, commettait lui-même une erreur. La note dit bien que tous les délégués ont été condamnés, mais non qu'ils l'ont été tous à deux ans de prison et deux ans de surveillance.

même sans être un Richelieu, ne manquerait de Laubardemonts. Il a présenté contre la magistrature cette idée insultante :

« Leur métier est de juger comme le métier du bourreau est d'exé-
« cuter : purs instruments de tortures et de mort; hommes-potences!! »

Mais voici la suite de ce passage :

« Il s'était introduit sous la restauration un exécrable abus, que le
« gouvernement du 7 août a porté à son terme extrême : nous voulons
« parler des arrestations préventives. Sous un prétexte quelconque, le
« plus futile suffit, on s'empare d'un homme qui gêne ou qui déplaît,
« on l'ensevelit dans un cachot, on l'y tourmente de mille manières, on
« le sépare des siens, on l'associe à des voleurs, à des assassins, on pro-
« longe indéfiniment l'instruction; elle durera des mois, des années
« même, s'il plaît ainsi aux ministres de l'arbitraire ; aucune raison pour
« qu'elle finisse, car elle n'attire sur eux aucune responsabilité. Ils peu-
« vent enlever le premier venu à sa famille, à ses affaires, le ruiner, le
« torturer, plonger dans une affreuse misère sa femme, ses enfants : loin
« d'avoir à craindre, je ne dis pas le châtiment, mais le blâme de ce
« monstrueux abus de pouvoir, ils seront remerciés de leur zèle. C'est
« le régime oriental, moins le lacet; mais le supplice n'en est que plus
« long.

« Chez un peuple qui en est là, on ne doit plus parler ni de liberté,
« ni de société : et ce n'est pas une société qu'un amas de créatures hu-
« maines réduites à cette ignominie; c'est à peine un chenil. »

Nous avons entendu dire, ajoute M. l'avocat général, et la défense le répétera probablement, que la brochure incriminée n'est que la reproduction de tout ce qui a été dit à la tribune ou dans la presse ; eh bien ! nous demanderons où de pareilles choses ont trouvé place, où on a jamais osé dire que notre société était à peine un chenil? Ce n'est pas seulement ici une expression de mauvais goût, indigne de l'écrivain qu'on admira, c'est une odieuse provocation; car, lorsqu'on dit à des masses qu'elles vivent dans un chenil, ne fait-on pas un appel à tout ce qu'il y a dans ces masses de nobles instincts pour qu'elles se lèvent et détruisent la société ainsi dénoncée à leur fureur? Et prenez garde, messieurs, qu'il n'y a point dans le passage que nous vous signalons un fait de décadence involontaire de la part de l'écrivain que vous avez devant vous. Non, c'est du mauvais style; c'est la décadence volontaire de la plume servie par la décadence volontaire de l'intelligence qui l'inspire.

« Et au profit de qui tant d'énormités? au profit uniquement des « salariés qui, s'engraissant de la substance du peuple, depuis les mi- « nistres jusqu'aux pensionnés des fonds secrets ; au profit de quel- « ques hauts et puissants seigneurs de l'industrie et de la finance. « L'impôt, gaspillé scandaleusement, écrase dans les campagnes les « petits propriétaires, et c'est une des causes du déclin effrayant de « l'agriculture, de la misère du pauvre paysan. Les gros capitalistes « tuent les petits fabricants ; l'usure épuise le petit commerce, dont le « papier ne s'escompte qu'à des taux ruineux. Et c'est au moment « même où le pouvoir avait sous les yeux le spectacle de sa détresse, « qu'il a osé demander le renouvellement pur et simple du privilége de « la Banque, et que les Chambres l'ont accordé. Il a fait gratuitement « aux monopoleurs du crédit un don réel de plus de cent millions ; et « pas une seule stipulation, pas une seule pensée en faveur de ces mil- « liers de commerçants, de marchands, que l'on flattait avec une hypo- « crisie si profonde, lorsqu'on se figurait avoir besoin de leur appui. « Eux encore matière exploitable.

« Et pourquoi non? Ne sont-ils pas des hommes de travail? Et, « dans le système arrêté, le système qu'à tout prix on a résolu de faire « prévaloir, le travail n'est-il pas, ne doit-il pas être éternellement « serf? Vous donc qui vivifiez le pays par l'industrie de détail, par le « négoce, l'échange des productions, apprenez que vous êtes peuple, et « conséquemment corvéables et taillables à merci et miséricorde ; ap- « prenez que vos intérêts se confondent avec ceux du peuple, et que « ceux-là sont vos ennemis aussi bien que les ennemis du peuple, qui « s'efforcent de vous diviser, de vous aliéner de lui, de l'aliéner de « vous : vos destinées comme vos intérêts sont les mêmes, vous ne faites « qu'un.

« Donc, ô peuple, dis-moi, qu'es-tu? Ce que tu es! Si j'ouvre la « Charte, j'y lis une solennelle déclaration de ta souveraineté. Cela fut « écrit après ta victoire. Si je regarde les faits, je vois qu'il n'est point, « qu'il ne fut jamais de servitude égale à la tienne : car l'esclavage an- « cien ne privait l'homme que de sa liberté, le tien te prive de la vie « même. Paria dans l'ordre politique, tu n'es, en dehors de cet ordre, « qu'une machine à travail. Aux champs, tes maîtres te disent : « La- « boure et moissonne pour nous. » Tu sais ce qu'on te dit ailleurs, tu

« sais ce qui te revient de tes fatigues, de tes veilles et de tes sueurs.
« Refoulé de toutes parts dans l'indigence et l'ignorance, décimé par les
« maladies qu'engendrent la faim, le froid, l'air infect des bouges où
« tu te retires après le labeur du jour et d'une partie de la nuit, récla-
« mes-tu quelque soulagement, on te sabre, on te fusille, ou, comme
« le bœuf à l'abattoir, tu tombes sous le gourdin des assommeurs payés
« et patentés. Puis les geôles s'ouvrent pour te recevoir, on intronise
« sur la sellette le souverain légal, et des jugeurs correctionnels l'en-
« voient de là dans un cul de basse-fosse. Car enfin, peuple, il faut que
« tu le saches : « Les ouvriers n'ont pas le droit de s'entendre, même
« pour améliorer leur sort. » On peut, dans l'infâme tripot de la
« bourse, s'entendre pour dépouiller les rentiers ingénus, pour com-
« mettre des vols de quinze, vingt millions. Ceci est très-permis, et si
« l'indignation publique oblige les tribunaux à s'en mêler, ce sera seu-
« lement pour la forme; on simulera une instruction bientôt aban-
« donnée et qui ne trouvera aucuns coupables : il faudrait les chercher
« trop haut. Est-ce qu'il y a des délits à cette hauteur-là? Mais que des
« ouvriers s'entendent, non pour voler, non pour dépouiller, mais pour
« s'occuper de leurs plus pressants intérêts, pour les discuter avec
« ceux qui ont des intérêts connexes : quel crime abominable! Rien
« que la prison ne le pouvait expier. On le leur a bien fait voir, et ils
« doivent en être convaincus surabondamment.

« Au-dessous de la nation officielle, trente-trois millions d'individus
« ont été déclarés, par le président du conseil, dépourvus de tous
« droits, attendu que nul n'a de droits que ceux que la loi lui accorde,
« et que les droits dès lors commencent en France avec la cote de
« 200 francs d'impositions : le dernier centime de ces 200 francs vous
« fait passer de l'état de brute à l'état d'homme. »

Comme si, s'écrie M. l'avocat général, les droits que Dieu a donnés à l'homme n'étaient pas indépendants de ces droits consacrés par la loi au profit de quelques-uns, parce que quelques-uns seulement sont capables de les exercer!

M. l'avocat général continue sa lecture.

« Car un homme privé de droits, que serait-ce? Qui le peut conce-
« voir? N'importe, avez-vous l'audace d'en réclamer un, de le réclamer
« par les voies légales, au nom du principe qui est le fondement de la

« Charte elle-même, vous êtes un *séditieux* : rien de plus certain, c'est
« le pouvoir qui le dit.

« Et nous, nous disons que votre société n'est pas une société, qu'elle
« n'en est pas même l'ombre, mais un assemblage d'êtres qu'on ne sait
« comment nommer, administrés, manipulés, exploités au gré de vos
« caprices; un parc, un troupeau, un amas de bétail humain destiné
« par vous à assouvir vos convoitises. Ce n'était pas là, que je pense, ce
« que Dieu se proposait en formant la plus noble de ses créatures, il
« avait d'autres desseins: il faudra donc voir finalement qui l'emportera
« de vous, ou de Dieu. »

Il n'est pas étonnant, continue M. l'avocat général, qu'après de semblables prémisses l'auteur arrive à une conclusion qui n'est pas logiquement plus forte, mais qui est effrayante.

« En cet état, que faire?

« Combattre jusqu'à ce qu'on l'ait vaincu le système dont l'effet, si
« ce n'est le but, est de livrer la France à ses implacables ennemis;
« sauver, avec ses intérêts lâchement sacrifiés, son honneur, son exis-
« tence même mise en péril par un pouvoir qui, chaque jour plus hardi
« dans ses voies anti-nationales, semble avoir pris à tâche de justi-
« fier toutes les craintes et de légitimer tous les soupçons.

« Reconstituer la société, la retirer du cloaque où des hommes per-
« vers l'ont volontairement plongée, l'arracher des mains immondes et
« rapaces d'une avide aristocratie pire cent fois que l'ancienne, la ras-
« seoir sur les bases éternelles de la justice, du devoir et du droit.

« Or, pour cela que faut-il? De grandes et solennelles manifestations
« nationales, de courageuses protestations contre tous les abus, toutes
« les lâchetés, toutes les corruptions, toutes les entreprises de l'arbi-
« traire, toutes les violations des droits du pays, du droit fondamental
« écrit en tête de la Charte constitutionnelle, et qui n'existe plus
« que là.

« Que la France entière élève la voix, sa voix souveraine, pour ré-
« clamer l'application de cet imprescriptible droit, sa pleine réalisation;
« qu'elle dise: Je veux! et toute résistance pliera devant elle; car
« quelle volonté oserait s'opposer à sa volonté?

« Réforme! Réforme! Tel est le cri qui doit retentir d'un bout à
« l'autre du pays, de Brest à Strasbourg, de Bayonne à Dunkerque.
« Qu'il sorte de toutes les bouches et émeuve tous les cœurs. Qu'il soit

« comme le gage et le lien de l'union parfaite, indissoluble de tous les « enfants de la France, tous libres désormais, tous égaux, tous frères, « tous admis au même titre à la confection de la loi, à la gestion des « affaires communes, et marchant ensemble à la conquête des mêmes « biens.

« La réforme, une réforme complète nous délivrera de la race « égoïste des lâches et des traîtres, des exploiteurs qui ne voient dans « le peuple qu'une proie à dévorer. Elle est le seul remède contre la « corruption, la seule garantie contre le despotisme, le seul moyen d'ar « river à une solution des grands problèmes économiques dont les esprits « sont préoccupés, la seule espérance de salut pour la France parvenue « au bord de l'abîme où l'a conduite, de honte en honte, le système fu- « neste dont nous avons retracé le développement.

« Mais la France ne saurait périr : le monde a besoin d'elle. Si donc, « je le dis aux timides, si vous ne voulez pas de réforme pacifique, « vous aurez une réforme violente. Choisissez. Nous sommes à l'un de « ces moments suprêmes où les choses, plus fortes que les hommes, les « dominent et entraînent la société où elle doit aller. C'est alors qu'il « faut se donner le spectacle des pouvoirs qui, retirés dans leur habileté « stupide, se préparent, lorsque le ciel prend un aspect sinistre, que les « flots s'agitent, montent et grondent, à barricader l'océan et à ruser avec « la tempête. »

Après cette lecture, M. l'avocat général continue ainsi :

De l'écrit dont nous vous avons démontré toute la culpabilité, nous passerons à la personne ; mais nous devons vous dire qu'il y a ici deux prévenus : l'auteur et l'éditeur. Aucune considération personnelle ne peut mettre M. Pagnerre à l'abri d'une condamnation. Il a édité déjà plusieurs ouvrages de M. Lamennais. Il est éditeur d'un grand nombre d'ouvrages politiques qui ont un caractère particulier, et qui communiquent ce caractère à la librairie dont il est le chef. C'est lui qui publie ce qu'on peut appeler les productions démocratiques de l'époque ; il doit donc s'attendre à subir la responsabilité de toutes ces publications ; et il ne peut, comme beaucoup d'éditeurs en pareils cas, se retrancher derrière l'excuse de son ignorance sur le caractère des écrits sortis de son établissement.

Vous en jugerez, messieurs, par le catalogue de ses publications qui se trouve à la suite de la brochure incriminée. On y lit ;

Dictionnaire politique, par les notabilités de la presse et du parlement, avec une introduction par M. Garnier-Pagès.

M. Cormenin. *Droit administratif; — Etat de la question; — le Maître d'école; —* Portrait de M. Cormenin.

Timon. *Très-humbles remontrances; — Défense de l'évêque de Clermont; — Questions scandaleuses d'un jacobin; — Etudes sur les orateurs parlementaires.*

M. Lamennais. *Le Livre du peuple — Paroles d'un Croyant; — Affaire de Rome; — Politique à l'usage du peuple; — de l'Esclavage moderne; — Questions politiques et philosophiques.*

Jérémie Bentham. *Sophismes parlementaires.*

M. Schœlcher. *Abolition de l'esclavage.*

M. Altaroche. *Contes démocratiques; — Chansons politiques.*

On y lit encore les titres des ouvrages de M. Chapuys-Montlaville, Sieyès, Paul-Louis Courier, J.-B. Say, Louis Blanc.

Quelques-unes de ces publications ont été l'objet de poursuites; mais nous devons vous déclarer, messieurs, qu'aucune n'a été condamnée.

Revenant à M. Lamennais, M. Partarrieu-Lafosse dit:

Des pages telles que celles que nous vous avons lues seraient condamnables, quel que fût l'homme qui les eût écrites.

Mais ici celui qui les a écrites n'a pas même cette espèce de demi-excuse que l'on rencontre dans la longue persévérance des mêmes opinions. Bossuet, ce vrai génie si constant dans sa foi, fit jadis l'histoire des variations du protestantisme; on pourrait, et elle serait longue, faire l'histoire des variations du prévenu Lamennais, et toujours, chose remarquable! pour se précipiter d'un excès dans un excès opposé.

Cette histoire, nous ne la ferons pas; ce n'est qu'un accessoire de la cause; mais nous l'indiquerons.

Prêtre ultramontain en 1826, il voyait en Rome la source unique de toute vérité. Par son livre intitulé *De la Religion considérée dans ses rapports avec l'ordre politique et civil*, il voulait que le sceptre s'abaissât humblement devant la tiare, sous peine de s'égarer dans une coupable rébellion. Ce que la couronne appelait son indépendance dans son autorité temporelle, il l'appelait une révolte; et cette déclaration de 1682, dont avait voulu Louis XIV, qu'il avait fait enregistrer parmi les lois de l'Etat, il la repoussait comme un commencement d'hérésie. Sous la Restauration, alors qu'on n'était pas disposé sans doute à une sévérité trop grande pour les écarts d'un membre du clergé, l'autorité civile s'émut.

Elle déféra l'abbé de Lamennais aux tribunaux, comme coupable d'avoir provoqué à la désobéissance à l'une des lois du royaume; et le théocrate, qui avait voulu tout faire fléchir devant l'autorité papale, fut condamné.

Le même homme aujourd'hui, fils insoumis du saint Père, a contristé tous ses anciens amis, l'Eglise entière, par le scandale de ses aberrations. Par la fureur de ses attaques contre le saint-siége, il a presque atteint ce que, dans ses plus mauvais jours, l'esprit de destruction du dix-huitième siècle eut de plus violent. L'impiété, l'indifférence, qui jadis, toutes honteuses, avaient courbé le front devant lui, l'ont relevé devant ses paroles qui n'étaient plus celles d'un croyant. Il a raconté les affaires de Rome de façon à dénoncer celui qui les dirige à la haine de l'univers. Depuis ce procès même il a lancé dans le monde un livre qui n'est pas seulement hors de toute orthodoxie catholique, mais qui est hors de tout christianisme. Ce n'est plus une religion qu'il professe, c'est une philosophie de plus qu'il esquisse, pour la jeter dans le chaos déjà si inextricable de toutes les philosophies.

Que si nous passons à la politique, que trouvons nous ?

Sous la Restauration entière, écrivain absolutiste, il n'avait pas assez de dédain pour le déverser sur cette révolution française, sur cette démocratie qu'il déifie dans les pages de 1840, que nous vous lisions tout à l'heure. Citer tout serait une tâche infinie; mais écoutez comme, dans des mélanges recueillis et publiés en 1826, il caractérisait ce qu'il nommait alors *la faction révolutionnaire* (pages 246 et suivantes); comme il rabaissait *l'orgueil de notre siècle* sur les prétendus progrès des lumières (pages 250 et suivantes); comme il attaquait *les partisans de la réforme politique* (pages 538 et suivantes); comme il disait : *Il faut que les peuples sentent le poids du sceptre, et qu'ils le portent avec orgueil* (page 545) (1).

Se vit-il jamais de plus complète métamorphose ! C'est lui qui maintenant est à genoux devant les perfectionnements du siècle, qu'il niait avec tant de sévérité. Cette révolution à laquelle il disait anathème, il s'en est tant épris, qu'il veut la propager par la guerre à travers toute la surface de l'Europe; à ses yeux, la cause est si belle, que peu lui importe le sang qu'il faudra verser à flots. Cette réforme, qu'il trouvait absurde, parce qu'il n'oubliait pas alors que des imperfections, que des

(1) Dans la *Notice biographique* placée à la fin de cette relation du procès, M. Élias Regnault a rapporté quelques-uns des passages cités ici par M. l'avocat général.

maux partiels étaient inséparables de toute œuvre, et par conséquent de toute société humaine, elle est devenue le cri, le résumé de tout son livre. Autant il était le détracteur des aveugles instincts de la foule, autant il s'en est fait le flatteur et le courtisan. N'ayez pas peur qu'il présente désormais le peuple comme *incapable de comprendre et heureux d'ignorer une multitude de choses*, comme devant plier avec orgueil sous le poids du sceptre. Non, c'est au peuple même que le sceptre appartient; à lui la raison suprême, à lui la toute-puissance, et le dernier homme de ce peuple que l'on ose traduire pour un délit devant *des jugeurs correctionnels*, un vagabond, un escroc, un repris de justice, est le souverain légal à la majesté, à l'inviolabilité duquel on insulte.

Le prévenu disait, en d'autres temps, qu'il nous ferait voir ce que c'est qu'un prêtre.

Il nous l'a certes bien peu fait voir depuis.

Le prêtre est l'homme de la paix, il n'est pas l'homme de la guerre; il est l'homme de la concorde et de la douceur, non pas l'homme de l'aigreur et de la violence. Il songe moins à la réforme extérieure de la société qu'à la réforme intérieure du cœur de l'individu par la modération de ses désirs. Le prêtre sait que Jésus vint et mourut victime, sous ces empereurs de Rome, dont vous parlez tant dans votre livre, et dont Montesquieu dépeignit l'autorité par des tableaux si horribles et si vrais à la fois, et qu'alors même Jésus, loin de prêcher jamais l'insurrection, respecta toujours les gouvernants de la terre, et qu'il dit : Rendez à César ce qui appartient à César. Le prêtre sait que saint Paul écrivait aux Romains sous Néron : « Que toute personne soit soumise aux puissances supérieures, car il n'y a point de puissance qui ne vienne de Dieu. Celui donc qui s'oppose aux puissances s'oppose à l'ordre de Dieu, et ceux qui s'y opposent attirent sur eux la condamnation. » Le prêtre sait que toute la conduite et la mort des premiers chrétiens ne furent qu'un éloquent commentaire de ces sublimes préceptes. Il voit dans une position humble, dans la douleur, dans la persécution, fussent-elles réelles, d'autres épreuves, des croix que l'on porte à l'imitation de son Sauveur, des faveurs de Dieu qui purifient, qui préparent à une vie meilleure; il calme jusqu'au murmure, et ne dit que patience et résignation.

Vous, au contraire, que faites-vous? Vous prenez un à un tous les pouvoirs de l'État : chambres, ordre administratif, ordre judiciaire, et, entrant dans les plus menus détails de la politique quotidienne, vous les flagellez de la main la plus outrageante. Loin de détacher le peuple des choses de la terre, vous l'y clouez de plus en plus; vous soufflez le feu de cupidités qui ne seront jamais satisfaites ; vous voulez que tous aient une part égale et immédiate à ces prétendus biens du monde, dont toute la religion, tout le spiritualisme dit la vanité, et qui semblent à vos yeux constituer tout le bonheur de l'homme : il ne sera qu'une brute, s'il n'est pas un électeur. Pour mieux pousser ce peuple à bout, vous ne reculez devant aucun mensonge : c'est un amas de bétail humain dépouillé de tout, sabré, fusillé par une classe de tyrans qui l'exploitent. Toutes les protestations doucereuses d'une préface, écrite depuis lors comme défense anticipée, ici ne peuvent rien. Les mauvais sentiments que, par un tel langage, vous excitez nécessairement dans les classes les plus nombreuses, il est aisé de vous les redire un à un. ils s'appellent l'orgueil, premier principe de tout mal ; la concupiscence, la jalousie, l'envie, la colère, la haine, la vengeance ; toutes choses qui, au point de vue de la religion, sont des péchés ; des vices au point de vue de la morale. Votre livre, oh ! nous savons à quelles portes il frappe. On ne le trouvera pas chez l'ouvrier travailleur, chez le citoyen soumis aux lois, chez l'humble de cœur qui souffre, se résigne et espère ; mais on le trouvera chez l'ouvrier qui s'insurge contre son maître, chez le malfaiteur qui brave la justice, chez le révolté qui parcourt la ville avec des hymnes de sang à la bouche et des poignards sous ses vêtements.

Il y a donc ici tout ce qui doit vous déterminer à être sévères, tout ce qui constitue les délits dans le fond du livre, tout ce qui les aggrave dans le caractère et dans la position personnelle de l'auteur. Vous le condamnerez, et s'il s'en étonnait, vous lui répondriez par ses propres paroles : « C'est aussi pousser trop loin l'audace de l'absurdité que de « se plaindre des lois de notre Europe qui punissent ceux qui s'efforcent « de les renverser. »

Nous persistons dans l'accusation (1).

M. LE PRÉSIDENT. L'audience va être suspendue ; MM. les jurés se retireront dans la chambre de leurs délibérations, et l'on veillera à ce qu'ils ne communiquent avec personne.

Après un intervalle d'une demi-heure, l'audience est reprise.

(1) Le réquisitoire de M. l'avocat général est reproduit ici, pour l'exorde et la péroraison, d'après *le Moniteur* officiel, et, pour les citations et les discussions de détail sur la culpabilité de l'écrit, d'après *la Gazette des Tribunaux*, *le Droit*, *le Journal des Débats*, etc.

PLAIDOIRIE DE Mᵉ MAUGUIN.

Messieurs les jurés, vous avez à juger un des écrivains les plus éminents de notre époque. Je suis chargé de sa défense et non de son éloge; mais aux efforts de l'accusation pour le discréditer et lui nuire, vous devez juger de son importance dans la philosophie et dans les lettres. Je l'avoue, je n'ai pu le reconnaître dans le portrait qui vient de vous en être tracé. Quoi! pour juger un ouvrage émis il y a deux mois, M. l'avocat général est allé invoquer des ouvrages publiés il y a quinze ou vingt années; il vous a parlé des variations de M. Lamennais; il l'a traduit devant vous comme un fils insoumis de l'Eglise!

Le ministère public veut-il, pour que je lui réponde sur ces variations si injustement reprochées, que j'examine, que j'analyse avec lui tous les ouvrages de M. Lamennais? Ce serait l'examen, ce serait l'analyse de douze ou quinze volumes, et sans doute M. l'avocat général trouverait cette tâche trop longue pour une audience. Ainsi de sa bouche est sortie une accusation à laquelle il sait que je ne puis répondre. J'en dirai un seul mot: M. Lamennais, comme tous ceux qui étudient l'histoire, a été frappé d'un fait, c'est que le pouvoir royal est toujours porté à envahir, et il a voulu poser devant lui des barrières. Sous la restauration où régnaient les doctrines du droit divin, où le pouvoir royal était regardé comme une délégation d'en haut, il demandait qu'un recours fût réservé aux peuples contre les volontés des rois. Ces volontés regardées comme émanations d'une autorité divine, devaient être obéies sous peine de crime ou de péché; devant qui donc pouvait être porté ce recours? M. Lamennais demandait la création d'un tribunal qui dans cet ordre d'idées se serait trouvé au-dessus des rois autant que les rois sont au-dessus des peuples. C'était le tribunal de l'Eglise, c'était le chef que l'Eglise se reconnaît sur la terre. Devant lui seraient comparus les peuples, devant lui seraient comparus les rois, et il aurait jugé les uns et les autres; il aurait jugé les rois mêmes, car, représentant de l'autorité divine, c'était de lui et de lui seul que les chefs des hommes pouvaient tenir cette émanation divine dont ils se disaient couronnés. Certes, si on peut refuser à ces idées de la justesse, on ne peut leur refuser de la noblesse et de la grandeur.

Mais depuis l'époque où il les publia enrichies de la magie de son style, est intervenu un fait immense, la révolution de 1830. M. Lamennais, comme tous les hommes qui pensent, devait en être frappé; d'un autre côté, ses recherches philosophiques l'avaient conduit à ce principe, que la certitude, que la vérité, que l'autorité, sont dans l'assentiment universel. Il appliqua à la politique son principe de philosophie; et il en conclut que c'est dans l'assentiment, ou, si l'on veut dans le suffrage universel que se trouve non-seulement l'origine du pouvoir des rois, mais encore le recours contre l'abus qu'ils en peuvent faire.

Ainsi, toujours fidèle à ses projets de poser des limites devant le pouvoir suprême, s'il a varié, ce n'est pas dans le but, c'est seulement dans les moyens; et varier ainsi, c'est de la constance. M. l'avocat général lui a reproché sa position vis-à-vis de l'Eglise. De grâce, laissons là les querelles ecclésiastiques. M. l'avocat général a parlé de Bossuet; nous aurions dû lui rappeler ce qu'il faut penser des persécutions de l'Eglise. Il a blâmé l'ouvrage nouveau que M. Lamennais vient de publier sur la philosophie: que voulez-vous? M. Lamennais verra sans doute ce blâme avec peine, mais, pour se consoler, il a reçu assez d'autres éloges.

Laissons de côté tous les débats étrangers à la cause; occupons-nous de l'écrit incriminé. Il n'a point été publié au commencement du mois de septembre, au moment des émeutes d'ouvriers, comme l'a dit le ministère public; c'est plus d'un mois après, c'est au milieu d'octobre qu'il a paru; et un mois avait changé la face des affaires. Alors s'agitait la grande question de la paix ou de la guerre; l'esprit public en était exclusivement préoccupé; M. Lamennais a publié sa brochure contre le ministère du 1er mars; et c'est ce ministère qui a ordonné la saisie et la poursuite.

M. Lamennais dans son préambule dit, en parlant du pouvoir, qu'*il semble n'avoir eu dès son origine que deux pensées: trahir la France au dehors et l'asservir au dedans.* Cette double proposition est comme le résumé de l'ouvrage. Mais il faut bien remarquer les expressions de l'auteur; il n'affirme pas que le pouvoir a voulu trahir et asservir. *Le pouvoir semble,* dit-il: ainsi il ne fait qu'exprimer un doute. Ailleurs, page 105, il dit encore en parlant du système, que *son effet, si ce n'est son but* est de livrer la France, etc. M. Lamennais n'accuse donc pas des intentions, des projets arrêtés; il juge, il critique, il accuse des résultats. Or, critiquer des résultats est dans le domaine de la presse. Tout ce qu'il faut, c'est que la critique soit de bonne foi. Aussi n'examinerai-je certainement pas devant vous si le système a voulu trahir ou asservir le pays. Je pose ainsi la question: M. Lamennais a-t-il pu de bonne foi trouver si désastreux les résultats de la politique suivie en France depuis dix années, qu'il ait pu croire que ces mêmes résultats n'auraient pas été plus déplorables si le pouvoir avait voulu trahir et asservir la France. L'auteur examine notre situation à l'extérieur et à l'intérieur ; je suis obligé de le suivre dans l'expression de ses idées; je n'y ajouterai que les faits nécessaires pour bien faire ressortir ses intentions.

Lorsqu'en 1814 l'Angleterre replaça sur le trône de France l'ancienne dynastie (je n'entends rien dire ici d'offensant pour les personnes, ni surtout pour celles qui sont aujourd'hui dans l'exil,) son but était de faire naître chez nous des partis, de nous diviser, de nous affaiblir, afin que si une nouvelle guerre venait à éclater, nous fussions, pour ainsi dire, sans défense. Cette politique est celle qu'ont suivie tous les peuples conquérants, l'Angleterre l'a constamment pratiquée dans les Indes; elle nous traitait comme des Hindoux, comme elle vient de traiter le Caboul, comme elle avait précédemment traité le Mysore. Elle ne tarda pas à recueillir quelques fruits de son machiavélisme. Les événements de 1815 éclatèrent, et la France, obligée de se battre sans avoir eu le temps de se préparer, fut vaincue; elle sortit de cette seconde défaite dépouillée de quelques portions de son ancien territoire, accablée d'impôts, en un mot plus faible; c'était ce que voulait l'Angleterre. Les Bourbons de la branche aînée s'aperçurent du joug qui leur était imposé ; ils profitèrent en 1828, pour se débarrasser de toute espèce de lien, des divisions occasionnées par les événements d'Orient entre les puissances ; mais ils avaient encore cette réputation de souverains imposés par l'étranger quand éclata la révolution de 1830.

L'effet de leur chute fut immense. Cette dynastie si complétement abattue dans trois jours, ce peuple si calme, si modéré dans sa victoire, ce défi jeté à la tête de l'étranger, tout se réunissait pour agir sur les esprits; d'un seul coup la France s'était relevée grande et fière, l'Europe en fut ébranlée jusque dans ses fondements ; la Belgique s'empressa de suivre notre exemple; la Suisse, la Confédération germanique et l'Espagne entrèrent dans notre mouvement, la Pologne et l'Italie se soulevèrent et la moitié de l'Europe rentrait dans notre sphère politique; la France était au-dessus, bravant les cabinets qui tremblaient devant elle, et si dans le parlement anglais, un membre, lord Wellington, se plaignait de quelque concession qui nous était faite, lord Grey lui répondait qu'il devait bien savoir, s'il y avait eu une guerre, qu'elle n'eût été avantageuse qu'à la France.

Voilà quelle était notre position après 1830; nous étions forts, et la politique du cabinet des Tuileries n'y avait contribué en rien ; c'était simplement le résultat du mouvement et de l'influence de la France sur les peuples qui l'entourent.

Dix ans se sont passés: voyons que sont devenus, je ne dirai pas ses conquêtes, nous n'avions pas employé les armes, mais nos amis ou nos alliés.

La Belgique avait demandé sa réunion à la France ; on l'a refusée : elle avait demandé pour roi le duc de Nemours, on l'a refusé encore, et toujours sur les menaces de l'Angleterre. On en a fait un Etat neutre, qui dépend de l'Angleterre plus que de nous ; s'il y avait une guerre, elle serait neutre d'abord. Mais si elle était obligée de renoncer à sa neutralité, ce ne serait pas à notre profit. On n'est pas sans inquiétude, dans le monde politique, de voir qu'elle ordonne une levée de 80,000 hommes.

La Suisse avait renversé le parti patricien qui la gouvernait depuis 1815, et était devenue pour nous une amie sûre et fidèle. En 1836, la Prusse et l'Autriche lui ont demandé l'expulsion de tous les réfugiés politiques à qui elle donnait asile. Nous n'avions pas à entrer dans ce débat, et si nous n'y fussions pas entrés, il était connu que la Suisse ne céderait pas. Nous avons pris la cause de la Prusse et de l'Autriche ; nous avons menacé la Suisse, nous lui avons presque déclaré la guerre : deux ministres, M. Thiers et M. Molé, sont coupables de ce crime. La Suisse irritée a renversé le parti français, elle s'est jetée dans les bras des autres puissances ; aujourd'hui, elle arme aussi pour conserver, dit-on, sa neutralité. Mais c'est à un général prussien qu'elle défère le commandement de son armée.

Les petits Etats de la Confédération germanique avaient presque tous imposé des constitutions à leurs princes ; ils demandaient à être soutenus par nous contre l'oppression des deux grandes puissances allemandes ; mais en 1833, nous avons laissé supprimer la liberté de la presse en Allemagne ; puis la diète de Francfort a refusé aux États le droit d'accuser les ministres et de rejeter les budgets. Les constitutions ont été virtuellement détruites. Maintenant les États de la Confédération sont tous nos ennemis et arment contre nous.

L'Espagne était notre alliée ; par notre inhabileté nous l'avons rejetée dans les bras de l'Angleterre.

Les destinées de la Pologne et de l'Italie sont connues.

Ainsi, depuis dix ans, nous avons perdu tous nos amis : c'est un cercle d'ennemis qui nous entoure.

Il nous restait cependant une alliée, c'était l'Égypte : vous connaissez le traité du 15 juillet et les événements qui viennent de s'accomplir. L'Égypte appartient maintenant à l'influence anglaise.

Après la notification du traité, nous avions d'abord annoncé des résolutions hautes ; nous avions menacé et armé ; en même temps, il est vrai, nous engagions en secret le pacha à se soumettre, et il se soumettait; seulement ses offres étaient rejetées comme ayant été faites, disait-on, quatre ou cinq jours trop tard ; nous rappelions notre flotte à Toulon ; enfin, on notifiait cette note du 8 octobre, qui s'attachait à réclamer, pour le pacha, la conservation de l'Égypte qui ne lui était contestée par personne. Ainsi, malgré la fierté apparente de notre langage, nous faisions tous les sacrifices pour le maintien de la paix. Mais les menaces éclataient toujours dans les journaux et en paroles ; mais on continuait toujours quelques démonstrations d'armements, l'Angleterre s'en est fatiguée, et elle a écrit que si on ne cessait pas, *elle irait balayer tout cela;* alors s'est reproduit à notre tribune le système de la paix *catholique*, de la paix *partout et toujours :* l'insolence britannique n'en a pas même été satisfaite ; et voici ce que disait sur nous, il y a peu de jours, un des journaux anglais, *le Globe;* son extrait a été rapporté hier dans le *Journal des Débats :*

« Plus de guerre de mots, il faut en venir aux coups ; on dit que la « partie saine et raisonnable de la nation française veut la paix, mais « malheureusement la partie saine et raisonnable n'est qu'une fraction « misérablement insignifiante. En somme, tout le fond de la société « française est corrompu jusqu'à la moelle, et rien ne peut l'empêcher « de tomber en pièces qu'une intervention inattendue. Un mot aux « Jaubert de la Chambre des députés. Si les armées alliées sont encore « forcées d'occuper Paris, comme en 1814 et 1815, le parti révolution- « naire et propagandiste doit s'attendre à ne recevoir aucune merci. Il « faut qu'il reçoive un châtiment assez sévère pour qu'il ne l'oublie « pas.

« Paris rasé au niveau du sol, son occupation par une armée étran- « gère pour une série d'années, ne seraient qu'une juste punition mé- « ritée pour la faction de la guerre. De plus, il resterait à savoir si la « France ne devrait pas être partagée comme la Pologne par les alliés. « Si le parti de la guerre en France persiste à appeler ce fléau sur l'Eu- « rope, l'entière suppression de la France de la carte de l'Europe ne « sera qu'un châtiment juste pour un pareil crime. »

Ainsi il s'agit maintenant de raser Paris, de partager la France; une nouvelle Pologne vient d'être trouvée, on la signale à la cupidité des puissances!

Dites! est-ce ainsi qu'on parlait en 1830? Avons-nous à nous applaudir de la politique des dix années, et si on la juge par ses résultats, de quelles épithètes doit-elle être caractérisée? Lisez M. Lamennais, et osez le condamner! (Sensation profonde.)

Ainsi il a supposé la France conquise, et il a affirmé qu'une administration imposée par l'étranger n'aurait pas eu une autre conduite.

Soit; j'accepte l'objection même dans ces termes.

Lisez bien la brochure; remarquez la page 57; vous y verrez la preuve qu'elle a été écrite sous l'influence des événements politiques et surtout contre le ministère du 1er mars.

Or le chef de ce ministère déclarait lui-même, il y a peu de jours, à la tribune, qu'il aurait pu, s'il l'eût voulu, empêcher la conclusion du traité du 15 juillet et jeter l'Europe dans des complications inextricables. Mais cette politique, a-t-il ajouté, eût été hardie, et aurait attiré sur l'Europe toutes les plaies de la guerre.

Cette politique eût été hardie! La sienne ne l'a donc pas été! Il eût précipité l'Europe dans la guerre! Il a donc mieux aimé nous y précipiter nous-mêmes que d'y exposer l'Europe; enfin il aurait pu empêcher la conclusion du traité, et il a mieux aimé le laisser conclure que de l'empêcher!

Allons plus loin. Le cabinet britannique aurait eu l'imprudence de rompre avec Naples, et cette rupture pouvait en entraîner une autre avec l'Autriche. On eût forcé l'Angleterre de renoncer pour toujours aux combinaisons du 15 juillet. Le chef du ministère du 1er mars s'est porté médiateur entre Naples et l'Angleterre; il a arrangé le différend et débarrassé ainsi lord Palmerston des entraves que celui-ci avait apportées lui-même à l'exécution de ses propres desseins.

Ainsi non-seulement le ministère du 1er mars n'a pas empêché la conclusion du traité du 15 juillet, mais il l'a facilitée.

Enfin quand, après le traité et comme pour en obtenir réparation, il s'est livré hautement à des menaces, à des démonstrations de guerre, on a découvert que nos places fortes n'étaient pas même réparées et que nous n'avions pas douze mille chevaux de cavalerie! Et les menaces ont eu ce résultat immédiat, que de toutes parts, et pour nous mettre hors d'état de reconstituer une arme aussi importante, l'étranger a prohibé les achats de chevaux faits pour le compte de la France.

Qu'on le dise maintenant, et je le déclare, messieurs, je suis loin de suspecter ses intentions, j'attaque uniquement les résultats; qu'on le dise! une administration anglaise aurait-elle fait davantage?

Maintenant, messieurs, mettez-vous à la place d'un écrivain dont l'âme est ardente, dont la plume est pleine de verve et d'énergie. Il flétrit tous les actes que je viens de vous rappeler, il les flétrit en termes qui gravent, en termes qui restent. Sur le fond des choses vous penserez comme lui, comme moi, comme tous ceux qui s'occupent de politique dans les salons, dans les journaux, et même à la tribune; peut-être seulement différerez-vous sur le style. Est-ce sur le style qu'une condamnation pourrait être motivée? Je m'expliquerai tout à l'heure sur cette question.

Dans toute la partie de l'écrit incriminé qui traite de la politique étrangère, M. Lamennais ne fait que reproduire, mais avec les formes brillantes de son style, ce qui a été dit et répété de toutes parts depuis dix années, et notamment à la tribune il y a quinze jours; il en est de même du tableau qu'il trace de notre situation intérieure. Il parle de notre industrie qui n'a point de débouchés, de notre commerce en souffrance, des nombreuses faillites qui l'affligent. Quel est l'économiste qui n'a été frappé de ces tristes vérités? Mais M. Lamennais va plus loin; *il semble*, dit-il, que le pouvoir ait eu la pensée d'asservir la France! Ici encore il n'accuse pas les intentions; il ne suppose pas des projets arrêtés. Il continue de s'en tenir aux résultats, et ce sont les résultats qu'il dénonce à l'opinion.

Certes, je n'entreprendrai pas, pour le justifier, de prouver que le pouvoir a voulu en effet asservir la France. Je veux seulement examiner si, d'après des faits constants, d'après des faits officiels, il est impossible de lui attribuer, avec bonne foi, cette pensée.

Et ici je commence par écarter de la discussion le chef irresponsable de l'État. La brochure ne parle que des ministres et n'attaque que les ministres; vous pouvez voir les pages 46, 47, 62 et plusieurs autres. Qu'un roi veuille étendre son pouvoir, rien de plus concevable. Dans tous les temps et dans tous les pays, les rois ont voulu envahir; et c'est parce que nos pères en étaient convaincus, qu'ils ont doté la France, il y a cinquante années, d'une constitution. Qu'est-ce, en effet, qu'une constitution, sinon, contre le chef de l'État, une œuvre de précaution et de défiance, sinon l'établissement de certaines règles, dans la sphère desquelles devra se mouvoir et se contenir l'autorité royale? S'il y a des ministres responsables, c'est pour que la couronne ne puisse sortir des limites de la constitution; s'il y a des Chambres, c'est pour surveiller les ministres responsables; un corps électoral, c'est pour surveiller les Chambres.

Supposons que des pensées d'envahissement puissent être attribuées au pouvoir; ce n'est donc pas le chef de l'État qu'il en faudrait accuser, ce serait les ministres, la Chambre et même le corps des électeurs qui, en manquant à leurs attributions, auraient manqué à leurs devoirs. Aussi, je le répète, M. Lamennais n'attaque-t-il que les ministres. Quelquefois, il est vrai, il parle du système. Mais quoi d'étonnant, quand, depuis dix années, nous n'avons eu, pour ainsi dire, que deux ministres. Vous devinerez facilement ceux à qui je veux faire allusion; et remarquez-le bien, ils ont toujours été au pouvoir, ou ensemble ou séparément; si l'un s'en va, l'autre arrive; pendant un an ou dix-huit mois ils n'ont été, ni l'un ni l'autre, au ministère; et pour y rentrer, ils ont formé la coalition parlementaire.

Serait-il donc vrai qu'on ne pût leur attribuer aucune pensée contraire aux libertés publiques? Mais qu'était-ce que l'état de siége? Qu'était-ce que les lois de disjonction et de déportation auxquelles la Chambre les a forcés de renoncer? Qu'était-ce enfin que les lois de septembre, dont la pensée première a même été atténuée? la coalition nous a dénoncé le gouvernement personnel. Mais les lois de septembre ont eu pour objet de confirmer l'irresponsabilité de celui qui l'exerce. Ainsi l'on voulait établir une autorité à qui toute espèce d'actes eût été possible, et qui cependant n'en eût pas été responsable; c'est ainsi qu'à Rome, où les empereurs décidaient de tout, ils avaient en outre par un effet de la puissence tribunitienne le privilége de l'inviolabilité; aussi leur pouvoir fut-il porté à des limites qui n'avaient été et qui ne seront jamais dépassées.

Mais pourquoi, afin de justifier M. Lamennais, irais-je chercher des faits passés? Parmi ceux dont il se plaint, se trouve ce qu'il appelle, ainsi que le public, l'embastillement de Paris. La question des fortifications de la capitale est toute brûlante; chacun s'en occupe; elle est déjà l'objet des travaux de la législation; elle sera bientôt celui d'une délibération publique; et comment donc, par certains orateurs, sera t-elle présentée à la Chambre?

Dans cette immense question, deux grands intérêts se trouvent engagés : celui de l'indépendance du pays et celui de ses libertés.

Beaucoup pensent qu'il importe au salut de la France que Paris soit fortifié; mais parmi les hommes de l'art, parmi les militaires, il y en a beaucoup aussi qui pensent qu'en cas de guerre les fortifications de Paris seraient complétement inutiles.

Supposons un écrivain, un homme politique de cette opinion! que deviendra dès lors pour lui la question des fortifications? Elle ne se présentera plus à son esprit comme tenant à l'indépendance, à la sécurité du pays, et dès lors il n'y verra plus qu'une tentative contre les libertés publiques. Et en effet, l'histoire, même celle de nos jours, nous apprend que lorsqu'un souverain veut soumettre la population d'une ville, il y fait construire des citadelles. Louis XII, qui voulait s'assurer la domination de Gênes, y fit construire une citadelle; le czar vient d'en faire construire une à Varsovie; le gouvernement de 1830 a fait établir à Lyon des forts, dont les fronts sont dirigés contre la ville plutôt que contre nos ennemis extérieurs. Quand Paris sera entouré de fortifications de toute espèce, le gouvernement aura plus de force, s'il veut attenter aux libertés.

Ce n'est pas d'aujourd'hui que la question des fortifications est ainsi envisagée; écoutons Machiavel, dans le *Livre du Prince :*

« Les princes font construire des forteresses pour se maintenir plus « facilement dans leurs États souvent menacés par les ennemis du de- « dans, et pour pouvoir soutenir les premiers efforts d'une révolte. Cette « méthode est très-ancienne et me paraît bonne.

« Un prince qui craint plus ses sujets que l'étranger, doit fortifier « ses villes; dans le cas contraire, il doit s'en passer. . . . . .

« Il n'y a pas de meilleure forteresse que l'affection du peuple, parce « qu'un prince, haï de ses sujets, doit s'attendre à voir l'ennemi du « dehors courir à leur secours, dès qu'il les verra courir aux armes. »

Ainsi, en définitive, pour tous ceux qui regardent les fortifications de Paris comme inutiles contre une armée étrangère, le projet de loi qui va être bientôt discuté n'est autre chose qu'une tentative contre les libertés du pays. C'est ainsi que la question est vue par beaucoup d'esprits, c'est ainsi, certainement, qu'elle sera présentée à la tribune par un certain nombre d'orateurs.

Comment donc pourrait-on faire un crime à M. Lamennais de l'avoir vue de même? Comment pourrait-on le condamner pour avoir dit que le pouvoir *semble* avoir eu la pensée d'asservir le pays, quand un projet de loi, sur lequel les esprits se divisent, est précisément regardé par un grand nombre comme une tentative d'asservissement?

Pour développer sa thèse générale, l'auteur examine successivement toutes les parties de l'administration politique ; ainsi, l'administration proprement dite, les deux Chambres, l'ordre judiciaire, la police et l'organisation de l'armée. Il critique, il censure ; son style est plein de chaleur, de poésie et de verve ; mais pourquoi ? quel est son but ? veut-il produire des soulèvements, des révoltes ? est-il ami de la violence ? en aucune manière ; il est réformiste ; il veut, il demande la réforme, mais une réforme politique ; c'est ce qu'il explique dans la partie de son écrit intitulée *Conclusion*.

Demander la réforme, est-ce donc un crime ! Mais tout le monde reconnaît le besoin de modifier l'organisation de notre chambre élective. La Chambre l'a reconnu elle-même en prenant en considération la proposition de MM. Gauguier et Remilly ; le ministère l'a reconnu en déclarant, par l'organe d'un de ses membres, qu'il y a *quelque chose à faire*. A la vérité, chacun voit une réforme à sa manière : les uns la veulent courte, petite et tout à fait inoffensive ; les autres, au contraire, comme M. Lamennais, la demandent large et profonde ; mais chacun a droit de la demander comme il l'entend ; il n'y a crime pour personne. M. l'avocat général a reproché à M. Lamennais d'avoir demandé une réforme violente, c'est-à-dire, a-t-il ajouté, une révolution ; mais c'est tout le contraire. Que le cri de réforme, dit l'auteur, p. 107, « sorte de toutes les bouches et émeuve tous les cœurs ; qu'il soit comme le gage et le lien de l'union parfaite, indissoluble de tous les enfants de la France. » Et plus bas, p. 109, il ajoute : « Si donc, je « le dis aux timides, si vous ne voulez pas de réforme pacifique, vous « aurez une réforme violente ; choisissez. »

Ainsi, ce qu'il demande, ce qu'il poursuit, ce qu'il veut, c'est une réforme pacifique. Si elle n'a pas lieu, il y aura une réforme violente. Là il donne un avis et n'exprime pas un désir.

Tel est donc cet ouvrage attaqué avec tant de violence. Nous y trouvons des tableaux pleins de vigueur, un style riche d'images, une énergie peu commune ; mais quant au fond des pensées, il n'y a rien que de licite. Tous les journaux, tous les orateurs de l'opposition ont déjà dit et répété vingt fois les faits et les reproches dont M. Lamennais a publié le résumé : il est cependant maintenant sous la prévention de quatre délits. On l'accuse d'avoir excité à la haine et au mépris du gouvernement ; d'avoir attaqué le respect dû aux lois ; de s'être livré à l'apologie de faits que les lois ont érigés en délits, et enfin, d'avoir provoqué des haines entre les diverses classes de la société.

Ici Mᵉ Mauguin parcourt et discute successivement les trois premiers chefs d'accusation.

On ne fait résulter le délit d'excitation à la haine contre le gouvernement, dit l'orateur, que des expressions ardentes échappées à la plume de l'écrivain. Mais il s'est borné à résumer des faits, et, si les faits sont vrais, comment punirait-on celui qui les caractérise, quand on ne punit pas celui qui en a été l'auteur? Au surplus, ce n'est pas sur des termes figurés qu'on peut construire un délit; et quand un écrivain attaque un abus ou même une administration qui a fait des fautes, il est toujours obligé, pour attirer l'attention publique et produire quelque effet, de forcer un peu la couleur de son style. L'orateur cite à l'appui le passage suivant de Bentham :

« Quels que soient les termes dans lesquels on attaque un abus, il « est impossible qu'ils ne soient pas plus ou moins offensants pour ceux « qui vivent de cet abus. Plus même l'abus sera criant, plus les termes « de la censure seront irritants, parce que l'indignation de l'accusateur « devant nécessairement être proportionnée à l'énormité de l'abus, les « termes de l'accusation seront proportionnés à cette indignation. La « cause de l'irritation est donc moins dans la forme que dans la sub- « stance; aussi, quelle que soit la forme de l'attaque, elle produira « une irritation d'autant plus grande qu'elle obtiendra plus d'effet. « Car c'est l'effet produit ou à produire qui fait agir l'un et résister « l'autre.

« D'ailleurs, s'il s'agit d'un abus qui profite au petit nombre et soit « contraire aux intérêts de la majorité, s'il s'agit, par conséquent, de « s'adresser à la multitude pour la rappeler au maintien de ses droits, « il faut de toute nécessité employer certaines formes de langage qui « puissent exciter chez les autres la même indignation que l'orateur « ressent lui-même. Dans ce cas, un simple exposé de l'abus ne pro- « duirait aucun effet sur le public : un argument abstrait, quelque « solide qu'il fût, suffirait à peine. Il faut que la force de l'argument « soit appuyée sur la force de l'expression, et cette force d'expression « entraîne nécessairement à une vivacité de termes qui attire le repro- « che d'animosité et de violence.

« Mais, en supposant qu'il y ait violence, veut-on en connaître la « véritable cause? elle est bien moins dans l'esprit de ceux qui atta- « quent que dans la résistance de ceux qui sont attaqués. Si les hommes « qui profitent des abus se laissaient persuader, par de bonnes raisons,

« que ces abus doivent avoir un terme, il serait sans doute inutile de « recourir à cette éloquence qui remue les passions; mais, dès qu'il « s'agit de réforme, il s'élève aussitôt un cri d'indignation dans les « rangs de ceux que doit atteindre cette réforme, et toujours ce sont « eux qui donnent le premier signal de la violence. Leur colère est « toute naturelle sans doute; mais elle serait même un habile calcul; « car s'ils laissaient la discussion s'engager dans des termes modérés, « leurs adversaires, appuyés sur la raison et la vérité, auraient un trop « grand avantage, tandis que la passion des accusés provoque celle des « accusateurs, qui se laissent ensuite entraîner trop loin, en effrayant « les timides. Ceux-ci ne voient plus que les violences de la discussion, « et condamnent ceux qui l'ont soulevée (1). »

Me Mauguin donne ensuite diverses explications sur les passages incriminés qui concernent l'administration, les Chambres, l'organisation judiciaire et l'armée.

Le second chef d'accusation suppose une attaque contre le respect dû aux lois, il repose principalement sur un passage de la page 57, ainsi conçue : « Qu'est-ce que la révolution, si ce n'est nos principes, nos « mœurs, nos libertés, nos lois, excepté celles depuis dix ans, imposées « au pays et que le pays repousse? » Ainsi, s'est écrié le ministère public, d'après l'auteur, le pays repousse toutes les lois faites depuis dix années. Mais dans la phrase incriminée le mot *toutes* n'est pas écrit, et l'auteur n'a pas pu penser à toutes les lois faites depuis dix ans, car le plus grand nombre des lois se rapporte à des intérêts purement matériels. Si l'on demande à M. Lamennais de quelles lois il a voulu parler, il répondra qu'elles sont énumérées à la page 48 : ce sont les lois sur le jury, sur la presse, sur les crieurs publics et sur le désarmement des citoyens; or, plusieurs de ces lois ont été attaquées même à la tribune; il y a plus, le ministère du 12 mai et celui du 1er mars avaient également promis de réformer les lois sur la presse et le jury, en ce qui concerne la définition de l'attentat; d'ailleurs, il est toujours permis de critiquer les lois et d'en demander l'amélioration et la réforme. C'est dans cette faculté que réside le principe du progrès social; la société demeurerait immobile s'il était interdit de dénoncer les défauts de la législation. Le régime de la liberté de la presse ne doit pas être plus fu-

(1) *Sophismes parlementaires.*

neste aux écrivains que celui du privilége et de la censure. Qu'aurait dit M. l'avocat général de ce passage du philosophe Montaigne, écrit il y a près de trois siècles :

« Les loix se maintiennent en crédit, non parceque elles sont justes, « mais parcequ'elles sont loix ; c'est le fondement mystique de leur au- « torité, elles n'en ont point d'autre: qui bien leur sert. Elles sont sou- « vent faites par des sots, plus souvent par des gens qui, en haine d'égua- « lité, ou faulte d'équité ; mais toujours par des hommes, aucteurs « vains et irrésolus. Il n'est rien si lourdement et largement faultier que « les loix, ni si ordinairement. Quiconque leur obeït parcequ'elles sont « justes, ne leur obeït pas justement par où il doibt. Les nôtres françai- « ses prêtent aucunlement la main, par leur déréglement et déformité, « au désordre et corruption, qui se voit en leur dispensation et exécu- « tion ; le commandement est si trouble et inconstant qu'il excuse au- « culnement et la desobeïssance, et le vice de l'interprétation, de l'ad- « ministration et de l'observation (1). »

L'orateur réunit, dans une même discussion, le troisième et le quatrième chef d'accusation ; ils ont en outre une pensée commune. C'est le reproche adressé à l'écrivain de provoquer contre les classes qui possèdent la haine des classes qui ne possèdent pas.

Me Mauguin dit que dans notre état social se développe une plaie profonde, celle du paupérisme. L'état de souffrance et de dégradation des classes ouvrières commence, dès à présent, à attirer tous les regards. La législature même s'en occupe, et elle s'en occupe au moment où parle l'orateur, en discutant la loi sur le travail des enfants dans les manufactures. Un des membres de la Chambre, M. Alban de Villeneuve, qu'on n'accusera pas d'être anarchiste, dans un discours qui a reçu de justes et nombreux éloges, a posé ainsi la question. (Séance du 25 décembre.)

« L'image des maux qui frappent, en ce moment, l'enfance des ou- « vriers, n'est, il faut bien le dire, qu'une scène détachée du drame « triste et douloureux qui se déroule incessamment à nos regards. Or, « si ces maux sont, comme je le crains, l'effet d'un système qui déve- « loppe constamment un principe de misère, de souffrance et d'immo- « ralité au sein des classes manufacturières, et qui menace l'ordre social

(1) *Essais de Montaigne.* Livre III, chap. XIII, tome VIII.

« de plus d'un danger, ce serait beaucoup, sans doute, que d'avoir ga-« ranti immédiatement d'un abus oppressif les êtres faibles et précieux, « dont la société, à défaut de leur famille, doit être la protectrice; mais « est-ce assez pour l'humanité? est-ce assez pour la justice, pour la « société? Dans l'intérêt même de ces enfants, n'est-ce pas les classes « manufacturières tout entières qu'il s'agit de soustraire aux causes de « malheur et de dégradation morale dont elles subissent l'influence? »

M. de Villeneuve finit par demander que les ministres s'occupent, sans retard, d'une manière sérieuse, complète et persévérante, *de l'amélioration des classes ouvrières souffrantes;* il demande qu'à l'une des plus prochaines sessions il soit présenté aux Chambres les premiers éléments d'une réforme *qui ne saurait être ajournée sans blesser profondément la conscience publique.*

Ainsi, continue Me Mauguin, la condition malheureuse des classes ouvrières est signalée même à la Chambre; des hommes qu'on ne saurait trop honorer se sont attachés à en étudier, à en faire connaître les misères; M. Lamennais est du nombre; lui imputera-t-on comme un crime ce que l'on respecte chez les autres; il a rapproché de lui les ouvriers; il s'est constitué leur conseil, leur père. Voudrait-on cependant le confondre avec les auteurs qui attaquent à la fois les droits de la propriété et les liens de la famille? Pour le protéger contre les calomnies dont on a voulu l'atteindre, il suffit de lire quelques passages de ses ouvrages.

Voici ce qu'il dit de la pauvreté dans les *Paroles d'un Croyant :*

« Et pourtant, vous ne devez pas vous trop affliger, car il est écrit « de celui qui a sauvé la race humaine :

« Le renard a sa tanière, les oiseaux du ciel ont leur nid, mais le « Fils de l'homme n'a pas où reposer sa tête.

« Or, il s'est fait pauvre pour vous apprendre à supporter la pau-« vreté.

« Ce n'est pas que la pauvreté vienne de Dieu, mais elle est une suite « de la corruption et des mauvaises convoitises des hommes, et c'est « pourquoi il y aura toujours des pauvres.

« La pauvreté est fille du péché, dont le germe est en chaque homme, « et de la servitude, dont le germe est en chaque société.

« Il y aura toujours des pauvres, parce que l'homme ne détruira ja-« mais le péché en soi.

« Il y aura toujours moins de pauvres, parce que peu à peu la ser-
« vitude disparaîtra de la société.

« Voulez-vous travailler à détruire la pauvreté, travaillez à détruire
« le péché, en vous premièrement, puis dans les autres, et la servitude
« dans la société.

« Ce n'est pas en prenant ce qui est à autrui qu'on peut détruire la
« pauvreté ; car comment, en faisant des pauvres, diminuerait-on le
« nombre des pauvres ?

« Chacun a droit de conserver ce qu'il a, sans quoi personne ne pos-
« séderait rien.

« Mais chacun a droit d'acquérir par son travail ce qu'il n'a pas, sans
« quoi la pauvreté serait éternelle.

« Affranchissez donc votre travail, affranchissez vos bras, et la pau-
« vreté ne sera plus parmi les hommes qu'une exception permise de
« Dieu, pour leur rappeler l'infirmité de leur nature et le secours mu-
« tuel et l'amour qu'ils se doivent les uns aux autres. »

Et voici, dans *le Livre du Peuple*, quels conseils il adresse aux ouvriers :

« Si jusqu'ici vous n'avez recueilli que si peu de fruit de vos efforts,
« comment s'en étonner ? Vous aviez en main ce qui renverse, vous
« n'aviez pas dans le cœur ce qui fonde ; la justice vous a manqué quel-
« quefois, la charité toujours.

« Vous aviez à défendre votre droit : vous avez, ou l'on a souvent
« attaqué en votre nom le droit d'autrui ; vous aviez à établir la frater-
« nité sur la terre, le règne de Dieu et le règne de l'amour : au lieu de
« cela, chacun n'a pensé qu'à soi, chacun n'a eu en vue que son
« intérêt propre ; la haine et l'envie vous ont animés. Sondez votre âme,
« et presque tous vous y trouverez cette pensée secrète : Je travaille,
« et je souffre ; celui-là est oisif et regorge de jouissances : pourquoi
« lui plutôt que moi ? Et le désir que vous nourrissez serait d'être à sa
« place, pour vivre comme lui et agir comme lui.

« Or, ce ne serait pas là détruire le mal, mais le perpétuer. Le mal
« est dans l'injustice, et non en ce que ce soit celui-ci plutôt que celui-
« là qui profite de l'injustice.

« Voulez-vous réussir ? faites ce qui est bon par de bons moyens. Ne
« confondez pas la force que dirigent la justice et la charité avec la vio-
« lence brutale et féroce.

« Voulez-vous réussir? pensez à vos frères autant qu'à vous; que « leur cause soit votre cause, leur bien votre bien, leur mal votre mal; « ne vous voyez vous-mêmes et ne vous sentez qu'en eux; que votre « insouciance se transforme en sympathie profonde et votre égoïsme en « dévouement. »

Ainsi, M. Lamennais, dans tous ses écrits, demande aux ouvriers le respect pour la propriété, le respect pour le droit; il s'attache à graver dans leur âme le sentiment du devoir, et cependant on l'accuse de vouloir désorganiser la société, et de faire appel aux haines et à la violence. Oui, il faut le dire, il y a une doctrine qui l'a blessé, c'est celle de nos deux éternels ministres, dont l'un, en créant l'expression de *pays légal*, a mis d'un seul mot, en dehors de la société politique, tous ceux qui ne sont pas électeurs; dont l'autre a récemment confirmé, appliqué cette même doctrine en disant (Séance du 16 mai 1840) : qu'en dehors du corps électoral et des Chambres, il n'y a point de droit. Ainsi, d'après M. Thiers, trente-trois millions d'hommes seraient privés de toute espèce de droits politiques; ils n'auraient pas celui d'adresser des pétitions à la Chambre, car c'est à des pétitionnaires que répondait le ministre. M. Lamennais s'est élevé contre de tels principes qu'il regarde comme funestes, et c'est en montrant quelles en seraient les conséquences, qu'il a tracé, de notre société actuelle et du sort des classes ouvrières, ce tableau qu'on lui impute à crime, et dont vous retrouverez cependant les principaux traits dans le discours législatif de M. de Villeneuve.

Mais, dit-on, il pousse les classes ouvrières à la haine de la bourgeoisie.

Où donc a-t-on vu ce délit? D'abord il ne prêche pas la haine, au contraire, il prêche l'union; ainsi, en parlant de réforme, il demande, page 107, « que ce cri soit comme le gage et le lien de l'union parfaite, « indissoluble de tous les enfants de la France. » En second lieu, il n'attaque nulle part la classe bourgeoise; il ne la nomme même pas, il dit, à la vérité, page 49, « qu'au-dessus de la masse de la nation réduite à « l'ilotisme politique, on a élevé une aristocratie bâtarde que le pouvoir « s'est attachée, ou a essayé de s'attacher par tous les moyens de cor- « ruption dont il dispose. » Par ces mots aristocratie bâtarde, il entend si peu ce qu'on appelle bourgeoisie, qu'il parle de la bourgeoisie, page 87, et qu'il en parle, non point pour irriter contre elle les classes inférieures, mais pour rattacher sa cause à la cause de la première classe. « Vous donc, dit-il, qui vivifiez le pays par l'industrie de détail, « par le négoce, l'échange des productions, apprenez que vous êtes « peuple...... Apprenez que vos intérêts se confondent avec ceux du « peuple. » Maintenant dites si les classes qui vivifient le pays par le négoce ne sont pas précisément celles à qui l'on donne le titre de bourgeoisie.

Que si l'on demande qui l'auteur attaque dans sa brochure, mais il est facile de répondre; il ne s'agit que de recourir à l'écrit même : « Et au profit de qui tant d'énormités? s'écrie-t-il page 85, au profit « uniquement des salariés qui, s'engraissant de la substance du peuple, « depuis les ministres jusqu'aux pensionnés des fonds secrets; au profit « de *quelques* hauts et puissants seigneurs de l'industrie et de la « finance. » Ainsi, il n'attaque pas une classe de la société; il attaque les salariés et *quelques* hauts seigneurs de l'industrie et de la finance; plus loin, page 108, il les appelle « des exploiteurs qui ne voient dans « le peuple qu'une proie à dévorer. » Qui pourrait se tromper sur son but? Chaque régime a eu ses courtisans, et il attaque les courtisans du nouveau pouvoir.

Me Mauguin termine ainsi sa plaidoirie :

M. Lamennais demande que nos affaires extérieures soient conduites avec plus de fermeté et de prévoyance; et nous tous aussi, nous le demandons comme lui; il démontre à l'intérieur les vices de notre organisation politique, et tout le monde est d'accord que dans notre organisation politique il y a en effet des vices à corriger. Mais il a signalé les malheurs de la classe pauvre; il est pour un grand nombre d'ouvriers comme un protecteur, comme un père; il les soutient, il les console dans leurs misères, et leur enseigne l'autorité du droit et les exigences du devoir. Le condamnerez-vous néanmoins, parce qu'il sympathise avec leurs douleurs. Non, non, ce serait en même temps impolitique et injuste. Ce n'est pas au moment où l'étranger nous menace, où peut-être faudra-t-il faire un appel aux classes laborieuses pour défendre la patrie, que vous leur diriez, par votre verdict : Ici il n'y a pour vous point de protection, point de justice; il n'y a que des juges qui condamnent. (Sensation.)

La parole est à Me Coralli, défenseur de M. Pagnerre.

PLAIDOIRIE DE Mᶜ CORALLI.

Le peu d'insistance de M. l'avocat général sur la partie de l'accusation relative à M. Pagnerre me permet de me restreindre à quelques courtes et rapides observations. Je ne m'occuperai donc pas du fond de la question si brillamment discutée par l'avocat de M. Lamennais, et je me bornerai à quelques idées, toutes spéciales, sur la position de l'éditeur.

Il est de règle, en matière criminelle, que la responsabilité légale d'un crime ou d'un délit doit être resserrée dans d'étroites limites. C'est surtout en matière de presse que ce principe doit être appliqué. En pareil cas, plus qu'en tout autre, la criminalité ne réside pas dans le fait matériel, mais dans l'intention, dans la pensée, dans la forme dont la pensée est revêtue. Or qui, mieux que l'auteur lui-même, peut connaître l'étendue et les conséquences de sa pensée, c'est-à-dire de ce dont l'homme a la connaissance la plus intime? qui mieux que lui peut répondre du vêtement dont il l'a enveloppée, de cette forme dont il est le créateur? Étendre cette responsabilité à l'imprimeur, à l'éditeur, c'est leur demander compte d'une pensée que leur esprit n'a pas conçue, dont ils ont pu ne pas sonder toute la profondeur, et dont l'interprétation, si variable en raison de la diversité des intelligences, a pu se présenter à eux dénuée de toute criminalité.

En bonne et stricte justice, l'éditeur devrait donc être à l'abri de toute poursuite lorsque l'auteur se fait connaître et assume la responsabilité de son œuvre. Aussi est-il remarquable que sous l'*empire,* époque peu favorable aux libertés publiques, la loi du 5 février 1810 n'autorisait, toutes les fois que l'auteur était connu, de poursuites que contre lui seul.

La loi du 17 mai 1819 a cru devoir déroger à cette règle, mais il est à considérer que cette loi n'atteint l'imprimeur et l'éditeur que lorsque ceux-ci ont *agi sciemment.* Qu'a voulu dire la loi par ces mots? S'est-elle préoccupée du fait matériel d'imprimer, d'éditer un ouvrage? Nullement. S'il en était ainsi, l'éditeur et l'imprimeur n'échapperaient jamais, quelle que fût la pureté de leurs intentions, à l'injuste rigueur de la loi. Pour qu'ils soient exposés à une poursuite, il faut donc autre chose que le fait matériel; il faut qu'ils se soient associés à une pensée coupable, sachant qu'elle est coupable. Ainsi, par exemple, qu'un éditeur accepte un livre où la morale publique soit ostensiblement outragée, il ne peut se retrancher sous l'abri d'une bonne foi que la raison repousse ; il a fait de cette pensée la sienne ; ce n'est plus un éditeur ordinaire, c'est l'associé, c'est le complice de l'auteur.

Ces cas sont heureusement rares. L'éditeur, en règle générale, fait avant tout *acte de commerce* bien plus qu'un acte d'intelligence. Et, lorsqu'il accepte l'œuvre d'un auteur connu, dont le nom est à lui seul une garantie, il y a là une responsabilité qui couvre la sienne et doit suffire aux exigences de la justice.

C'est ainsi que l'usage a interprété la loi, et par le fait, à quelques rares exceptions près, l'imprimeur et l'éditeur sont ordinairement mis hors de cause. J'ai sous les yeux un relevé des différentes affaires de presse depuis 1830. Elles sont au nombre de vingt-deux. Dans presque toutes, les éditeurs et imprimeurs n'ont même pas été inquiétés. Dans quelques-unes, traduits en justice, ils ont été acquittés malgré la condamnation des auteurs. Enfin, dans deux circonstances seulement, les éditeurs ont été frappés d'une condamnation ; mais il faut observer que, dans les débats, ils avaient déclaré avoir, comme *auteurs*, participé à la collaboration des ouvrages incriminés.

Je m'explique difficilement par quels motifs on a cru devoir déroger à une règle constante et à un usage général. Toute mon attention à écouter le ministère public n'a pu détruire ni mon embarras ni mon incertitude. Que reproche-t-il donc à M. Pagnerre? d'être un éditeur intelligent et qui comprend parfaitement la valeur des ouvrages qu'il publie? c'est un éloge auquel je m'associe volontiers, et non un crime; d'avoir fait paraître de nombreuses publications politiques? qu'importe, si ces publications ont été légales, utiles, et tellement innocentes, qu'elles n'aient pas attiré les sévérités de la justice. C'est pourtant là le seul, le grand crime qu'on reproche à M. Pagnerre. Ce n'est pas l'éditeur de la brochure de M. Lamennais qu'on poursuit, c'est l'éditeur habituel et *exclusif*, telle est l'expression dont s'est servi M. l'avocat général, d'ouvrages politiques et démocratiques.

Je pourrais sans danger accepter dans toute son étendue ce reproche de M. l'avocat général, et lors même que M. Pagnerre n'aurait attaché son nom d'éditeur qu'à des ouvrages purement politiques, ce ne serait pas là un motif suffisant de condamnation, et, en quelque sorte, de *mise hors la loi*. Mais c'est une exagération que je repousse parce qu'elle est contraire à la vérité. M. Pagnerre, avec l'intelligence qu'on veut bien lui reconnaître, n'a jamais eu l'idée de restreindre son commerce de librairie à quelques publications politiques. Son principal but a été de multiplier des petits ouvrages d'une utilité pratique et générale, et de les mettre, par le peu d'élévation de leur prix, à la portée de toutes les classes. C'est ainsi (que l'ouvrage que je vais citer ne vous fasse pas sourire, car sa publication a été un grand bien), c'est ainsi qu'au moyen d'almanachs *dits Liégeois*, totalement étrangers à la politique, dans lesquels il a réuni des instructions utiles, des traits de morale et de dévouement, il réussit chaque jour à bannir de nos campagnes cet antique *Matthieu Laensberg*, recueil proverbialement ridicule de niaiseries et d'absurdes superstitions.

Dans un ordre plus élevé il s'est fait l'éditeur de la *Bibliothèque des Arts et Métiers*, où chaque profession trouve, à un prix minime, dans un volume spécial, un précis historique, la biographie des hommes qui se sont distingués dans la profession, un traité complet de ce qui s'y rattache, la législation qui s'y rapporte, d'utiles préceptes hygiéniques, et le catalogue de tous les ouvrages utiles à consulter. Le ministre de l'agriculture et du commerce a reconnu lui-même l'utilité de cette vaste entreprise, puisque, malgré le caractère prétendu exclusif de la librairie de M. Pagnerre, il a souscrit pour un grand nombre d'exemplaires.

Est-ce encore un éditeur exclusivement politique que celui qui a publié des ouvrages sur les caisses d'épargne, *la Pologne*, par le général Soltyk; les *Pérégrinations en Orient*, par Eusèbe de Salle; *le Crédit et la Banque*, par Courcelle Seneuil; le *Voyage aux États-Unis*, par miss Martineau; l'*Histoire de l'esprit public*, par M. Alexis Dumesnil; les *OEuvres de Bentham*, le *Droit administratif* de M. Cormenin, l'*Esquisse d'une philosophie*, etc., etc., etc.?

Ne dénaturons donc pas la position de M. Pagnerre; qu'il reste devant vous ce qu'il est en effet. Oui sans doute, messieurs, M. Pagnerre n'abjure ici aucune de ses sympathies politiques; il n'abjure aucun de ses sentiments d'affection et de vénération pour le caractère, les vertus, le génie de l'homme à côté duquel on l'a fait asseoir; mais il n'est point, comme on vous l'a présenté, un homme dangereux, c'est un homme honorable et honoré, un négociant probe, intelligent qui, par son travail et son activité, est parvenu, en peu d'années, à élever une des plus importantes maisons de la librairie parisienne, et qui, naguère encore, recevait de tous les délégués de la librairie française, réunis à Strasbourg à l'occasion de l'inauguration de la statue de Gutenberg, t témoignage de confiance et d'estime.

Les considérations particulières dont on se faisait une arme contre M. Paguerre, ainsi écartées, renfermons-nous dans les faits spéciaux du procès.

Quelle doit être en général la responsabilité d'un éditeur, et jusqu'où doit-elle s'étendre? Il importe de faire une distinction. S'il s'agit d'un auteur inconnu, d'un homme dont c'est la première publication, qui, sans le secours d'un éditeur, n'aurait pas eu l'espérance de mettre son œuvre en lumière, et que cette œuvre ait trait à des questions dangereuses, je conçois, jusqu'à un certain point, la responsabilité de l'éditeur. Il s'est fait le patron d'un homme nouveau; il a donné la vie de la publicité à cette pensée qui, sans lui, serait restée en germe et morte dans son obscurité; il a dû en peser l'utilité ou le danger; on peut donc prétendre qu'il lui doit sa garantie.

Mais qu'on se figure un éditeur en présence d'un auteur dont le nom est connu, que rehausse l'éclat d'une juste célébrité, qui soit un des grands écrivains de son époque, dont les ouvrages antérieurs aient excité l'admiration; d'un de ces hommes, enfin, dont le nom est à la fois une double garantie intellectuelle et morale, et qu'on me dise s'il serait juste d'y ajouter la garantie de la responsabilité de l'éditeur!

Comprendrait-on M. Pagnerre s'établissant juge anticipé du mérite de l'œuvre de MM. Châteaubriand, Cormenin ou Lamennais? retouchant leur ouvrage, substituant ses pensées aux leurs, leur imposant d'autres formes de style? Le pourrait-il? l'oserait-il?

Lorsque l'éditeur est en contact avec une de ces réputations dont le retentissement n'est pas même renfermé dans les limites du pays, il ne peut ni refuser ni s'abstenir. Il ne peut surtout être responsable d'une publication que tant d'autres rechercheraient avec empressement; il *n'agit pas sciemment*, car pour agir sciemment, il faut *juger*, et la convenance ne lui permet pas de juger. La publication lui est imposée par la renommée de l'écrivain.

Il faut surtout se faire une idée exacte de l'embarras d'un éditeur. Il ne faut pas lui appliquer les règles rigoureuses de la complicité vulgaire. C'est qu'en effet, il ne s'agit pas d'une complicité qui soit d'avance sûrement appréciable. En matière ordinaire, le bon sens suffit pour comprendre, sans erreur possible, la portée et la nature d'un crime ou d'un délit, mais en matière de presse, et de presse politique surtout, où trouver une règle certaine? Mille circonstances variables peuvent influer sur la criminalité; le délit dépendra de faits étrangers à l'ouvrage, qui se seront accomplis dans l'intervalle écoulé entre sa création et sa publicité; l'appréciation variera suivant la différence des opinions et la divergence des esprits. Le délit résultera de l'obscurité d'une pensée qu'un plus large développement eût présentée innocente ; il sera quelquefois dans une mauvaise tournure de phrase, dans un seul mot peut-être, et l'on voudrait que l'éditeur, ébloui par l'éclat d'un grand nom, eût cependant assez de pénétration d'esprit, de confiance en lui-même et d'autorité pour tracer à l'écrivain, sous peine de complicité, les limites qu'il ne doit pas dépasser ?

C'est là une chose impossible, et ce serait exagérer le vœu de la loi, que de rendre l'éditeur responsable, lorsque l'auteur se présente pour répondre de son œuvre, et que cet auteur a nom Lamennais.

A ces considérations générales, il est facile d'en ajouter de particulières à la cause qui établissent la bonne foi de M. Pagnerre, et éloignent l'idée qu'il ait voulu *sciemment* se rendre complice d'un crime ou d'un délit, si toutefois il y a crime ou délit.

Veuillez en effet vous reporter en idée au moment de la publication de l'ouvrage incriminé. Les circonstances étaient de la plus haute gravité ; la nation entière s'était émue ; les discussions de la presse se ressentaient d'une ardeur inaccoutumée ; les idées émises par M. Lamennais n'avaient rien de nouveau ; ce n'était en quelque sorte que le résumé chaleureux et coloré de ce que les journaux répétaient depuis plusieurs mois ; la vivacité de l'expression était en rapport avec le ton général des discussions politiques et l'importance des événements ; et d'ailleurs, encore une fois, appartenait-il à M. Pagnerre de s'établir le juge d'un écrivain dont il n'est permis de considérer le style que comme un brillant modèle ?

Ce n'est pas tout : l'ouvrage de M. Lamennais avait déjà reçu la plus grande publicité. Les journaux l'avaient publié par extraits avant la mise en vente par M. Pagnerre ; le ministère public avait gardé le silence, rien n'annonçait des poursuites, et il a fallu huit jours entiers, après la publication de cet écrit, pour que le parquet y aperçût une criminalité si longtemps cachée. N'y a-t-il pas dans toutes ces circonstances la preuve la plus complète de la bonne foi de M. Pagnerre ? Comment aurait-il, par je ne sais quel instinct, deviné un crime que personne n'avait vu, pas même l'autorité, et que, pour mon compte, je ne vois pas encore ?

J'en ai dit assez pour la défense qui m'est confiée. Pourquoi insisterais-je ? N'est-il pas évident qu'il n'y pas contre M. Pagnerre d'accusation sérieuse ? M. Lamennais en revendique noblement la responsabilité tout entière. Il ne m'appartient pas d'élever la voix pour le défendre.

Sa réputation, sa vie entière, son génie le défendent assez. C'est à vous, messieurs, de vous élever à la hauteur du devoir que vous avez à remplir. Pesez-en bien toute l'importance et la gravité. Dans les cas ordinaires, lorsqu'il s'agit d'intérêts privés, votre verdict est nécessairement empreint de cette impartialité que rien ne vient ébranler ; mais en matière de délit politique, quel est le juge assez sûr de lui-même pour affirmer qu'il n'apporte pas dans cette enceinte ses préoccupations personnelles? Il faut au juré un violent effort sur lui-même pour dépouiller entièrement ses propres préventions, résister à l'entraînement de ses opinions, éloigner l'influence des circonstances étrangères et accidentelles, et reconquérir l'impartialité du juge sur les passions de l'homme de parti. Ce n'est pas là chose facile, et le passé nous a légué de tristes enseignements sur l'instabilité des jugements politiques.

Rappelez-vous l'époque de la Restauration. Les délits politiques étaient fréquents alors, et bien des condamnations, dictées par l'esprit de parti, ont été depuis cassées par l'opinion publique. Deux écrivains, surtout, brillèrent de tout l'éclat de leur talent. C'était Paul-Louis Courier et Béranger. Ils furent condamnés. Qu'en est-il résulté? Leur condamation est devenue un titre de gloire, et ils ont doté la France de deux chefs-d'œuvre. Qui donc oserait les condamner aujourd'hui?

Vous avez devant vous un homme, je ne dirai pas de talent, mais de génie ; l'auteur d'écrits déjà classés au premier rang par l'admiration publique, d'un ouvrage récent, *l'Esquisse d'une philosophie,* un de ces ouvrages qui marquent non-seulement dans la carrière d'un homme, mais comme il n'en paraît pas plusieurs dans le cours d'un siècle. Vous avez à prononcer. Gardez-vous d'une décision empreinte des préoccupations du moment, car c'est une des gloires du pays, et le pays réformerait votre condamnation.

M. L'AVOCAT GÉNÉRAL réplique.

M. MAUGUIN lui répond.

Le ministère public et le défenseur reproduisent dans leur réplique les arguments déjà énoncés dans le réquisitoire et la plaidoirie.

M. LE PRÉSIDENT. Prévenu Lamennais, avez-vous quelque chose à ajouter à votre défense?

M. Lamennais se lève et s'avance vers le banc de MM. les jurés. Là, d'une voix faible, mais bien articulée, il prononce la déclaration suivante, au milieu d'un profond silence.

DÉCLARATION DE M. F. LAMENNAIS.

Je n'aurais rien à ajouter, messieurs, à la défense que vous venez d'entendre, si je ne tenais à m'expliquer moi-même sur un point qui me touche beaucoup plus que le résultat, quel qu'il puisse être, du procès qui m'est intenté. Je ne prolongerai que de peu d'instants la fatigue qu'a dû vous faire éprouver une séance qu'il n'a dépendu ni de mon défenseur ni de moi d'abréger.

Le mouvement de la pensée, au temps où nous sommes, temps de recherche inquiète, d'incertitude et de doute, entraîne les esprits en des voies très-diverses. De là une multiplicité confuse de doctrines souvent opposées entre elles, comme il arrive toujours aux époques de transition et de renouvellement, lorsque la société, flottant entre un passé à jamais éteint et un avenir qui n'est pas encore, il n'y existe plus, sur presque aucun point, de croyances communes.

On ne doit pas, selon moi, se trop effrayer de ce travail nécessaire pour la reconstruction future, et que, d'ailleurs, nulle puissance ne saurait arrêter. Ayons foi dans l'esprit humain ; plus sûrement qu'aucun tribunal et plus efficacement, il séparera le vrai du faux qui tombe de lui-même, quand on ne le relève pas aux yeux des hommes, en le couvrant du manteau toujours respecté de la persécution.

Quoi qu'il en soit, dans la multitude des idées et des opinions enfantées par l'époque présente, s'il en est, certes, que j'accepte, il en est aussi que je ne partage pas ; et vous comprendrez que je doive d'autant plus m'appliquer à les distinguer, que l'incertitude, à cet égard, a pu être plus grande, chacun m'attribuant celles qu'il pouvait lui convenir de me prêter. Cependant, messieurs, vous avez vu que si quelques-uns ont pu ou se tromper, ou feindre de se tromper sur mes véritables sentiments, ce n'est pas que l'expression en ait jamais été obscure ou équivoque. En toute autre circonstance, je laisserais mes écrits répondre seuls à ceux qui m'imputent des principes qui ne sont pas les miens. Mais, en cette occasion solennelle, je crois devoir m'expliquer d'une manière nette et catégorique, afin que personne, désormais, n'affecte de s'abuser sur ce que je pense et sur ce que je désire. On me connaît assez, du reste, je l'espère, pour être certain que je ne suis pas homme à voiler mes convictions, ni à composer avec ma conscience pour quelque considération que ce soit, et je n'ai pas besoin d'insister là-dessus.

Il existe dans notre société des souffrances nombreuses et profondes : qui en doute? C'est un fait avoué universellement, et universellement aussi les esprits s'occupent de chercher un remède à ce mal effrayant qui travaille plus ou moins toutes les nations européennes. La grande révolution, dont la France en 89 donna au monde le premier signal, est loin d'avoir encore produit tous ses fruits, et c'est même à peine si l'on commence à bien comprendre que le principal doit être et sera certainement l'amélioration du sort du peuple. Que l'on se divise de bonne foi sur les moyens de réaliser cette amélioration nécessaire, on ne saurait s'en étonner; car si la science sociale n'offre aucun problème dont la solution importe davantage au bonheur de l'humanité et à la paix de l'avenir, il n'en est point non plus, de l'aveu général, de plus compliqué et de plus difficile.

Je n'ai point ici à examiner les systèmes divers qu'a fait naître une question qui se représentera désormais sans cesse, jusqu'à ce qu'elle ait été définitivement résolue. Je pense, quant à moi, qu'ils ont tous, même les plus faux, un droit égal à l'examen, lorsqu'ils sont proposés sincèrement, et que, renaissant toujours, tant qu'on n'y opposera que des réfutations judiciaires, ils ne disparaîtront que devant le jugement souverain de la raison publique, le jugement de la nation entière, seul et dernier juge de toutes les théories que peut enfanter la spéculation politique. Cette pensée, qui fut constamment celle des meilleurs esprits et des moins suspects de penchant pour les innovations audacieuses, est justifiée par l'expérience de tous les temps et de tous les lieux.

Mais ce à quoi, messieurs, je tiens personnellement, car chacun est comptable de ses doctrines à son pays; ce que je tiens, dis-je, à déclarer très-expressément dans cette enceinte où ma voix aura plus de retentissement, c'est que, si j'appelle de toute mon âme les améliorations réclamées par les classes souffrantes, et qu'elles ont droit d'attendre de la société dont elles sont le plus ferme appui, ma conviction intime, fondée sur de longues réflexions, est que ces améliorations d'économie sociale si désirables, si indispensables, ne sauraient s'effectuer que par des voies exclusives de toute violence, de toute perturbation anarchique, de tout désordre réel, par un ensemble de mesures progressives dont le bienfait doit s'étendre à tous les membres de la commune famille; c'est que l'avenir auquel nous aspirons tous ne sera point une négation, une destruction fondamentale de ce qui l'a précédé, mais un développement des germes de bien que le présent renferme en son sein et qu'y étouffent les passions mauvaises; c'est enfin qu'à mes yeux, la famille et la propriété, intimement liées aux croyances morales sans lesquelles nulle vie, sont les bases premières de toute société.

Encore une fois, messieurs, voilà ce que je tenais à proclamer ici. Peu m'importe le reste. Je suis trop peu de chose pour vous parler de moi, de ce qui me touche uniquement. Vous prononcerez selon votre conscience.

M. LE PRÉSIDENT à M. Pagnerre. Avez-vous quelque chose à ajouter à votre défense?

M. PAGNERRE. Non, monsieur.

L'audience est suspendue pendant quelques minutes.

A la reprise, M. le président Fercy fait le résumé des débats. Huit questions sont posées aux jurés.

La première est relative au délit d'excitation à la haine et au mépris du gouvernement;

La seconde au délit d'attaques contre le respect dû aux lois;

La troisième au délit de provocation à la haine entre les diverses classes de la société;

La quatrième à celui d'apologie d'un fait qualifié délit par la loi pénale.

Ces quatre questions s'appliquent à M. Lamennais.

Les quatre dernières, qui sont relatives aux mêmes délits, s'appliquent au prévenu Pagnerre.

Au moment d'entrer en délibération, un de MM. les jurés s'adresse à M. le président : « Pourrions-nous avoir les ouvrages dont plusieurs fragments ont été lus par le défenseur de M. Lamennais? »

M. LE PRÉSIDENT. Cette remise ne peut vous être faite, car les ouvrages que vous désirez ne font pas partie des pièces du procès; vous consulterez vos souvenirs.

M. l'avocat général déclare qu'il ne s'oppose pas à ce que les ouvrages demandés par le jury lui soient remis, bien qu'ils ne puissent pas être considérés comme pièces du procès.

Me MAUGUIN. Nous déférons avec empressement à la demande de M. le juré, et nous prions M. le président de vouloir bien faire remettre également la préface publiée dans divers journaux, et qui devait accompagner la seconde édition de l'écrit incriminé.

M. LE PRÉSIDENT. Les ouvrages dont a parlé M. le juré sont sans doute *les Paroles d'un Croyant* et *le Livre du Peuple.*

LE JURÉ. Oui, M. le président.

M. le président ordonne que les ouvrages demandés seront remis aux jurés.

Le jury entre en délibération à sept heures et un quart. Malgré l'heure avancée, l'auditoire est toujours aussi nombreux, et chacun attend avec anxiété le résultat de la délibération.

A dix heures, le jury rentre dans la salle d'audience. Un profond silence s'établit aussitôt. On semble interroger la physionomie des jurés pour y lire à l'avance le sort des accusés. La Cour rentre en séance. M. le président invite M. le chef du jury à faire connaître sa déclaration.

M. LE CHEF DU JURY. Devant Dieu et devant les hommes, sur mon honneur et ma conscience, la déclaration du jury est :

Sur la première question, *oui*, à la majorité. (Profonde sensation.)

Sur la deuxième question, *oui*, à la majorité.

Sur la troisième question, *non.*

Sur la quatrième question, *oui*, à la simple majorité.

Sur les quatre dernières questions, *non.*

En vertu de cette déclaration, M. le président prononce l'acquittement du prévenu Pagnerre, et donne la parole à M. l'avocat général.

M. PARTARRIEU-LAFOSSE. Conformément à la loi, qui dispose que, dans le cas de déclaration de plusieurs délits, la peine la plus forte sera seule prononcée, nous requérons contre Lamennais l'application de la peine portée en l'article 4 de la loi du 25 mars 1822.

M. LE PRÉSIDENT à M. Lamennais. Avez-vous quelques observations à faire sur l'application de la peine ?

Me BENOÎT. Pas un mot, M. le président.

M. LE PRÉSIDENT. La Cour ordonne qu'il en sera délibéré en la chambre du conseil.

Au bout d'un quart d'heure la Cour rentre en séance.

M. le président donne lecture d'un arrêt qui condamne M. Lamennais à *un an de prison et à deux mille francs d'amende.*

La Cour ordonne en outre la destruction des exemplaires saisis et de tous ceux qui pourraient l'être par la suite.

M. Lamennais est aussi condamné aux frais du procès.

Cet arrêt, prononcé au milieu d'un morne silence, produit dans l'auditoire une douloureuse sensation. M. Lamennais, dont le calme ne s'est pas démenti un instant, est immédiatement entouré de ses amis, qui lui donnent de nombreuses marques de sympathie et de respect. M. Pagnerre, qui est visiblement ému, lui serre la main à plusieurs reprises.

Le 28 décembre, le journal *le Commerce* a publié la lettre suivante :

A M. le rédacteur du Journal *le Commerce.*

« Monsieur,

« A la fin du compte rendu, dans votre estimable journal, de mon procès devant la Cour d'assises, je lis ces paroles : « M. Lamennais paraît livré à une vive impression de tristesse et de douleur. »

« On a pu remarquer sur ma figure des traces de la fatigue que j'ai dû éprouver d'une séance de douze heures ; mais c'est là tout. Lorsqu'on est frappé pour avoir eu le sentiment profond des dangers et de l'abaissement de son pays blessé dans son honneur, menacé dans son existence ; pour avoir compati du fond de l'âme aux souffrances de ceux que la société délaisse dans leur détresse, et avoir réclamé la justice à laquelle ils ont droit, on n'est pas triste, monsieur, on est fier.

« Je vous prie de vouloir bien insérer cette lettre dans votre numéro de demain, et recevoir l'assurance de ma considération la plus distinguée.

« F. Lamennais.

« Paris, 27 décembre 1840. »

OPINIONS DES JOURNAUX.

Faits et Documents divers.

LE TEMPS.

(27 décembre.)

M. Lamennais vient d'être condamné pour la publication de sa brochure intitulée *le Pays et le Gouvernement*. Il ne nous appartient pas de discuter sa culpabilité en présence du verdict qui l'a reconnue ; l'erreur, si elle existe, est une erreur consciencieuse, et tout homme qui livre à la presse ses pensées, ses doctrines, s'expose par cela même à la fausse interprétation de ses pairs. On peut dire toutefois, sans manquer de respect à la chose jugée, que M. Lamennais a plutôt été condamné pour les tendances qu'on lui suppose que pour le délit qu'on lui imputait. Il suffit de lire sa brochure, même dans les passages les plus incriminés par l'accusation, pour se convaincre qu'elle n'avait rien de bien alarmant pour l'ordre établi ; et à part le style brillant dont l'auteur l'a revêtue, elle n'est en quelque sorte que la reproduction de tous les reproches que depuis plus de dix ans les opinions indépendantes ont adressés au système qui nous régit.

Quoi qu'il en soit, M. Lamennais devra expier, par un emprisonnement d'une année le tort d'avoir fait revivre les accusations dédaignées par le gouvernement, tant qu'elles n'ont servi d'aliment qu'à la polémique de la presse quotidienne. Un homme de sa valeur aurait pu trouver un nouveau texte, et il faut que celui auquel il s'est arrêté lui ait paru bien sérieux pour qu'il n'ait pas reculé devant des redites inévitables.

Malheureusement pour le pouvoir, des victoires pareilles à celle qu'il vient de remporter ont le double inconvénient de l'affaiblir de toutes les sympathies qui se reportent sur l'écrivain condamné et de transformer en adversaire injustement opprimé un accusé reconnu coupable.

LE COURRIER FRANÇAIS.

(27 décembre.)

M. Lamennais a été déclaré coupable par le jury. La Cour l'a condamné à un an d'emprisonnement et 2,000 fr. d'amende. Nous respectons la chose jugée. Mais n'est-il pas permis de penser que la justice pouvait se montrer moins sévère sans péril? Le ministère public accusait M. Lamennais de plusieurs délits, dont le plus grave a été écarté. On a reconnu que M. Lamennais n'avait pas excité les diverses classes de la société à se détester ni à s'entre-détruire. Mais le jury a cru voir, dans sa dernière brochure, ce qui n'était pas dans l'intention de l'écrivain, une apologie de faits punissables, une attaque aux lois et une excitation à la haine du gouvernement.

Il est toujours possible, en prenant une à une les phrases d'un écrit, d'en dénaturer le sens ou d'en exagérer la portée. Ce système, que le ministère public a suivi avec habileté dans le procès intenté à M. Lamennais, a eu gain de cause auprès du jury. On a traité l'auteur avec la même rigueur que si la brochure incriminée avait excité en effet quelque effervescence populaire condamnée par la loi. Par là même, on a jugé l'intention plutôt que le fait. On a supposé que ce qui n'était pas arrivé pouvait arriver. On a réprimé un délit en perspective, une pensée; or, la pesnée ne tombe pas dans le domaine de la loi.

Il y aurait beaucoup à dire sur les opinions de M. Lamennais, que nous sommes loin de partager. Il y aurait beaucoup à dire sur les doctrines de M. l'avocat général, qui sapent les véritables fondements de notre droit public. Mais à cette heure avancée de la soirée, il nous reste à peine assez de temps et d'espace pour rappeler qu'une opinion ne peut jamais être un délit, et que c'est une opinion que l'on a condamnée aujourd'hui. M. Lamennais avait publié une critique passionnée, il est vrai, des actes du gouvernement; mais il n'avait pas attaqué la royauté, qui est en dehors de la discussion, ni les lois qu'il faut observer, même quand elles sont mauvaises et que la réforme en est demandée. Là seulement eût été le délit, et M. Lamennais ne l'a pas commis.

M. l'avocat général a fait un être de raison du gouvernement du roi, qu'il a distingué des ministres et du roi. Cet être de raison, inviolable dans l'opinion du ministère public, est, à l'entendre, le pouvoir sur lequel M. Lamennais avait déversé la haine et le mépris. Il paraît que le jury a pris cette accusation au sérieux; cela nous fait regretter d'autant plus le silence du défenseur sur un point aussi capital. En général,

M. Mauguin a porté, dans la critique du 1er mars qui n'était pas en cause, une chaleur qui eût été bien mieux employée à la défense du prévenu. On a pu croire un moment que M. Mauguin oubliait M. Lamennais, tant l'homme politique avait dominé l'avocat.

Il n'y a pas de tête si élevée qui soit à l'abri de la foudre. Mais c'est une cruelle égalité que celle qui traite M. Lamennais, un des écrivains les plus justement célèbres de notre époque, comme un malfaiteur vulgaire. Un an de prison pour quelques phrases! S'il y a délit, la peine est-elle proportionnée à l'offense? On a voulu frapper un coupable; ne court-on pas le danger de faire un martyr?

LE NATIONAL.

(27 décembre.)

La journée d'aujourd'hui marquera dans nos annales comme une journée néfaste, une de ces journées dont le souvenir s'attache comme une flétrissure à toute une époque. M. Lamennais, traîné par le pouvoir sur les bancs de la Cour d'assises, vient d'être condamné à une année d'emprisonnement et à 2,000 francs d'amende!... Le rouge nous monte au front, en annonçant à la France un événement aussi imprévu, et aucune expression ne saurait rendre la douleur profonde dont nous sommes pénétrés. Après avoir subi tous les outrages de l'étranger, toutes les ignominies de la faction qui nous exploite avec tant d'audace, il ne manquait plus à la France, pour combler la mesure de ses égarements, que de frapper le génie et la vertu dans un de ses citoyens les plus illustres. Mais pourquoi dire la France? elle n'est pour rien dans ce qui vient de se passer, elle en gémira, elle en rougira comme nous.

Essayons de dominer pour un instant notre émotion, afin de rendre compte avec quelque détail de cette triste journée-

Dès le matin, la Cour d'assises était envahie par une foule immense. M. Lamennais a paru, et dès ce moment il n'a cessé de fixer les avides regards de l'assemblée. Tout le monde voulait contempler cet homme si éloquent, si profond, si austère, si grand et si simple à la fois; cet homme, en un mot, dont le pays est si fier et que l'Europe nous envie. Tout le monde se demandait, en le voyant assis sur le banc des prévenus, ce qu'il y avait donc de commun entre lui et le Code pénal.

On n'a pas tardé à l'apprendre de la bouche même du ministère public, représenté par l'avocat général M. Partarrieu-Lafosse, qui, dans cette circonstance, a acquis un renom que personne, certes, ne sera disposé à lui envier. Emu des dangers qui menacent la France et des malheurs près de fondre sur elle, indigné des lâchetés et des inepties dont elle est la victime, M. Lamennais a jeté un cri d'alarme, et ce cri d'alarme a été converti, par les arguties sauvages du parquet, en cri de révolte et d'insurrection; il y a vu, pour nous servir des expressions consacrées, le quadruple crime d'excitation à la haine du gouvernement du roi, d'excitation d'une classe de l'Etat contre une autre, de mépris des lois, d'apologie de délits punis par elles; accusations banales et vagues, dans lesquelles on peut faire rentrer toute espèce d'improbation manifestée par la parole et par la presse, qui n'est que la parole écrite.

Nous voudrions n'avoir pas entendu l'homme qui faisait l'office d'accusateur public; car jamais nous n'avons été condamnés à un supplice si douloureux; M. Partarrieu-Lafosse a épuisé pendant trois heures contre M. Lamennais toutes les formules de la haine la plus violente. L'attaquant dans son passé, dans son présent, il s'est livré contre lui à un tel acharnement de personnalités et d'interprétations insultantes, que nous rougirions de les répéter. L'outrage a été si loin que la malveillance la plus prononcée n'osait lever les yeux ni sur l'insulté ni sur l'insulteur. En ce moment, des sanglots étouffés se sont fait entendre dans l'auditoire; et savez-vous quel était l'homme dont l'émotion éclatait d'une manière si touchante? Ce n'était pas un ami politique de M. Lamennais, mais c'était son pair en gloire et en génie: cet homme, pourquoi ne le nommerions-nous pas? C'était M. de Châteaubriand, qu'une sympathie généreuse avait amené dans cette triste enceinte. Ce grand cœur s'est brisé à la vue du génie méconnu et si indignement traité.

Ah! certes, ce ne sont pas les sympathies qui ont manqué à M. Lamennais dans cette douloureuse journée! Jamais prévenu ne fut entouré de tant d'amis; on voyait autour de lui les champions de nos luttes parlementaires, MM. Cormenin, Garnier-Pagès, Larabit, Roger (du Loiret) et Coralli, qui défendait même l'éditeur Pagnerre. M. Arago, retenu chez lui par une indisposition, s'était fait représenter par les siens. M. David (d'Angers), dont le ciseau a reproduit d'une manière si grandiose cette tête puissante, et les représentants les plus éminents de la jeune démocratie entouraient de leurs respects l'auteur des *Paroles d'un Croyant*. La studieuse jeunesse des écoles n'avait eu garde de manquer à cette solennité patriotique. En un mot, toutes les classes de la société, les femmes même, s'y étaient donné rendez-vous.

Le réquisitoire a été un instant si violent, que le public n'a pu retenir un murmure d'indignation. Le président a fait immédiatement évacuer une partie de la salle, et cet ordre a été exécuté par les sergents de ville avec une brutalité bien inconvenante et bien gratuite. Cet incident est le seul qui ait troublé le cours de l'audience.

M. Lamennais a été défendu par Me Mauguin. Nous rendons un sincère hommage à l'habileté et à l'élévation de sa parole, et nous signalons en particulier le tableau qu'il a esquissé de la France dans ses rapports avec l'Europe ; toutefois, nous regrettons qu'il n'ait pas cru devoir relever avec plus d'énergie les personnalités du parquet, et surtout qu'il n'ait pas replacé la haute figure de M. Lamennais sur le piédestal dont l'avocat général s'efforçait de le précipiter. Nous savons bien que M. Lamennais est invulnérable ; mais nous croyons que, plus complète, la défense eût gagné en chaleur et en mouvement, sans perdre rien de sa noblesse et de sa dignité.

M. Lamennais a prononcé lui-même quelques paroles qui, en fixant sa position véritable, ont fait sur l'auditoire une profonde impression. Mais, étourdi par la bruyante rhétorique et par les cris oratoires du parquet, le jury était, pour ainsi dire, hors de son assiette, et il a rapporté un verdict de culpabilité sur trois des quatre points de l'accusation : l'excitation d'une classe de la société contre l'autre a été écartée.

Nous ne saurions peindre la stupeur du public à l'audition de cet arrêt rigoureux. Nous avons assisté à bien des scènes judiciaires ; mais jamais nous n'avons vu une consternation si profonde, une douleur si universelle. Pas un cri, pas un murmure ne s'est fait entendre ; un silence morne régnait dans l'assemblée.

Après l'arrêt du jury est venu celui de la Cour ; à défaut des circonstances atténuantes, que la législation de la presse n'admet pas, elle pouvait, elle devait peut-être adoucir, dans l'application de la peine, la rigueur du verdict ; elle ne l'a pas fait, au contraire : elle pouvait condamner M. Lamennais à *un mois* de prison, elle l'a condamné à *une année!*

Au sortir de l'audience, le public a rompu le silence qu'il avait observé dans l'enceinte, par les cris mille fois répétés de *vive Lamennais!* et il a reconduit l'illustre condamné avec un religieux respect et une décence qui ne s'est pas démentie un seul instant.

C'est ainsi que les prisons béantes du 7 août viennent de s'ouvrir pour un nouveau martyr de la démocratie, le plus illustre de tous.

Depuis le commencement de la session d'assises, la police avait pris les renseignements les plus minutieux sur chaque membre du jury. L'affaire de M. Lamennais avait été fixée à la fin de la quinzaine pour que les récusations de l'avocat général pussent porter à coup sûr : et le ministère a employé toutes les ressources dont il dispose pour obtenir une condamnation.

Il y a quelques jours, un des hommes qui tiennent de plus près à M. Martin (du Nord) s'écriait en parlant de cette affaire : « Nous sommes sûrs d'une condamnation. »

Vraiment il y a là de quoi se réjouir! La puissance de M. Lamennais va être amortie, sans doute, par cette odieuse persécution. Un arrêt de Cour d'assises va lui enlever son génie, ses nobles accents, sa plume éloquente. Le pouvoir sera bien plus fort maintenant que l'illustre écrivain pourra dater ses ouvrages de Sainte-Pélagie! M. Partarrieu-Lafosse s'emportait aujourd'hui et réclamait avec violence contre l'inviolabilité du génie. Eh non! sans doute, il n'y a d'inviolable, à cette heure, que la sottise. Ce privilége, dans ce monde, a toujours mieux profité que l'autre. (*National*, 27 *décembre.*)

Voici les paroles que M. Lamennais a dites à ses amis, qui lui témoignaient toute leur sympathie : « J'aurais mieux aimé être acquitté, mais « c'est une faiblesse, et pour la cause que nous servons tous, il vaut « mieux que je sois condamné. » (*National*, 27 *décembre.*)

LE MESSAGER.

(27 décembre.)

Le *National* s'afflige de la condamnation de M. l'abbé de Lamennais : c'est un sentiment naturel chez ceux qui partagent les principes de l'auteur des *Paroles d'un Croyant*. Aussi, si le *National* se bornait au témoignage de ses regrets et de sa sympathie, ne verrions-nous aucun reproche à lui faire ; mais on ne peut lui passer de même la violence de ses attaques contre le jury, contre la magistrature, contre le pouvoir, contre tout ce qui constitue enfin la force légale du pays et l'ordre des sociétés.

Voilà comment les partis ont toujours deux appréciations différentes sur l'exercice du même droit, selon que le résultat leur est favorable ou contraire. Si M. de Lamennais avait été acquitté, le *National* n'aurait pas manqué de voir dans le verdict du jury l'arrêt solennel de l'opinion, l'expression des convictions de la France, la condamnation du gouvernement, le triomphe des principes que ce journal représente, et l'apologie des passions auxquelles l'accusé avait fait appel. Que n'aurait-il pas dit sur le courage des jurés, sur leur intelligence et sur la portée politique de cet événement!

Mais le contraire est arrivé. Le jury a reconnu l'existence du délit, et il n'a pas voulu que la société et le gouvernement parussent désarmés devant de semblables agressions. Il s'est souvenu qu'il est de son devoir de réprimer les excès d'une pièce désorganisatrice et perverse. Le jury a prononcé un verdict de condamnation. Aussi tout change d'aspect. Les jurés n'ont plus droit qu'aux insultes et aux calomnies du *National*. Selon lui, le souvenir de cet arrêt *s'attachera comme une flétrissure à toute notre époque*. Cette dernière honte *manquait à la France. Mais pourquoi dire la France? La France n'est pour rien dans ce qui vient de se passer; elle en gémira, elle en rougira*. Le jury a cédé aux corruptions du pouvoir. *Le ministère a employé toutes les ressources dont il dispose pour obtenir une condamnation*. Ou bien encore : *le jury était hors de son assiette*, et le *National* le représente presque dans un état d'idiotisme, et comme plongé dans une sorte d'ivresse morale et de grossier vertige, produits, dit-il, *par la bruyante rhétorique et les cris oratoires du parquet*.

Car le ministère public, on le pense bien, n'est pas plus respecté que les jurés dans cette longue diatribe. L'outrage est prodigué à celui qui a défendu dans cette affaire, avec autant de courage que de talent, la cause sainte des lois et des intérêts du pays : la magistrature enfin a aussi sa part d'un blâme que la crainte seule a rendu envers elle plus humble et plus timide.

Nous ne voulons pas revenir sur le pamphlet de M. de Lamennais. Nous nous abstiendrons de caractériser les doctrines auxquelles il prête aujourd'hui l'appui de son nom, après avoir défendu autrefois, avec non moins de violence, une autre cause et des intérêts entièrement opposés. La destinée de cet écrivain passionné, de ce prêtre impérieux, a été remplie de contradictions. Nous n'en abuserons pas. Il y a jugement. Mais que les partis ne croient pas avoir droit à moins de réserve. Qu'ils ne fassent pas éclater, à l'occasion de ce jugement, la violence de leurs haines contre tous les pouvoirs sociaux. La justice du pays a prononcé. Que le *National* la respecte, qu'il apprenne, sinon à s'incliner devant l'autorité de nos institutions, du moins à s'y soumettre et à se contenir.

Surtout ne changez pas si audacieusement les situations. Lorsqu'un homme de talent, mais dans lequel la loi ne peut voir que l'égal des autres citoyens, comparaît devant la justice du pays, comme accusé d'avoir porté atteinte aux conditions de l'ordre et à l'autorité des lois, ne dites pas qu'on frappe *le génie et la vertu*. Lorsque cet homme est déclaré coupable, n'insultez pas le jury, ne dites pas qu'il était étourdi et comme hébété par la rhétorique bruyante du réquisitoire. Enfin, ne parlez pas si haut de *martyrs* et *des prisons béantes du 7 août!* C'est à tout autres qu'à nous que cela ferait monter la rougeur au front.

Des martyrs!..... La France se rappelle une époque qui en vit, hélas! en grand nombre; et cette époque sinistre, la France sait quelles doctrines en susciteraient le retour. Les grands citoyens que les tribunaux révolutionnaires envoyaient à la mort, parce qu'ils avaient défendu les libertés publiques, lutté contre les factions, revendiqué la puissance des lois, parce qu'ils s'étaient élancés sur la brèche pour couvrir de leur poitrine quelque reste d'ordre social, ceux-là étaient des martyrs; et de ceux-là la France conserve et vénère la mémoire. Ceux-là étaient des martyrs; et ce n'est pas à notre opinion qu'appartiennent les hommes qui ont tenté de glorifier leurs bourreaux.

La France constitutionnelle n'a ni tribunaux révolutionnaires, ni proconsuls accoutumés au sang. Nous n'envoyons pas, grâce à Dieu, les écrivains et les journalistes de ce temps dans les déserts meurtriers de Sinnamary. La France constitutionnelle garantit à tout citoyen la protection des lois, et à tout accusé une libre défense et une justice rendue dans les conditions légales. Voilà notre liberté à nous, une liberté protectrice et vraie. La France constitutionnelle n'a jamais fait et ne fera jamais de martyrs. Les prisons, depuis dix ans, ne se sont fermées que sur des hommes bien souvent coupables avant d'avoir été poursuivis, et personne n'a oublié combien de fois la clémence royale s'est interposée entre les lois et ceux qu'elles avaient atteints.

LE NATIONAL.

(28 décembre.)

Le *Messager* s'emporte ce soir contre les sentiments d'amère douleur que nous avons exprimés hier, après avoir entendu la condamnation de M. Lamennais. Nous reconnaissons bien là ce pouvoir sans dignité, ce pouvoir violent dans ses paroles comme dans ses actes, qui voudrait frapper encore quand la justice a déjà si cruellement frappé.

Mais au moins faudrait-il un peu de bonne foi dans la polémique ; au moins faudrait-il ne pas attribuer au *National* ce qu'il n'a pas dit. Nos lecteurs, qui ont lu notre article, ont pu voir que, malgré notre émotion, nous n'avions laissé échapper aucune critique contre le jury. Nous avons trouvé son verdict malheureux : à nos yeux même il nous semble injuste, mais nous le respectons comme consciencieux. Jamais on ne nous surprendra livrant de funestes attaques à des institutions qui nous semblent fondamentales pour la liberté du pays. Cette liberté, nous la voulons, et nous ne voulons pas moins la force et l'autorité dans le pouvoir.

Le ministère a raison quand il dit que si M. Lamennais avait été acquitté, nous aurions vu dans ce fait une grande victoire de l'opinion. Et veut-il savoir pourquoi ? c'est qu'entre le parquet qui accuse et le prévenu qui se défend, tout est au préjudice de celui-ci, à l'avantage de l'autre. C'est qu'il faut avoir, non pas une fois, mais mille fois raison pour échapper à cette justice telle que les lois de septembre l'ont faite.

Oui, le jury est une institution sainte; mais comment l'avez-vous corrompue? C'est vous; c'est votre préfet, qui, sur une liste de vingt-cinq mille personnes à Paris, fait un premier tirage de quinze cents noms qui lui conviennent; il a pour cela tous les renseignements de la police. Ainsi, sur vingt-cinq mille noms qui devraient être pris au hasard, le pouvoir fait une première récusation de vingt-trois mille cinq cents jurés; et, lorsqu'il arrive au moment de l'audience, le parquet vient à son tour en récuser encore *douze* sur trente-six. — Et vous vous étonnerez quand nous crierons victoire lorsqu'il vous arrivera de succomber dans un procès? Quoi! sur vingt-cinq mille chances, vous en prenez pour vous vingt-trois mille cinq cents; puis, sur trente-six, vous en avez encore douze, et, cependant, vous n'obtenez pas des condamnations à coup sûr? Mais il faut pour cela que vous soyez le pouvoir le plus faible et le plus méprisé du monde. Comment donc s'est-il fait que, hier, M. l'avocat général a épuisé ses récusations? Comment ses récusations ont-elles porté précisément sur les hommes que leurs précédents, leurs positions, leurs études semblaient appeler particulièrement à juger une œuvre d'intelligence? Encore une fois, notre intention n'est point d'accuser les douze personnes qui composaient le jury : elles se sont trompées; leurs propres opinions les ont égarées, sans doute; mais tout homme de bonne foi doit comprendre que, si un livre, un journal, une manifestation politique paraît coupable au parquet, le jugement qui le condamnera aura d'autant plus de valeur que les juges auront été plus éclairés. — Si donc le livre de M. Lamennais était si criminel, on n'avait pas besoin de récuser précisément les jurés qui offraient, sous ce rapport, les garanties les mieux connues. — Mais l'éloquence de M. Partarrieu est précisément de celles qui révoltent les hommes de sens et de goût. Il est bien facile de faire, pendant trois heures, de la personnalité violente contre un prévenu ; M. Partarrieu y gagnera de l'avancement, peut-être ; mais il ne songe pas que cet oubli de toute modération, ce langage blessant jusqu'à l'outrage, il s'imprime et on ne l'oublie pas. Il ne songe pas que tout esprit vivant même en dehors de nos luttes politiques, s'indigne à la pensée qu'un jeune homme de l'étoffe de M. Partarrieu peut se permettre impunément d'insulter l'homme qui s'appelle Lamennais. Et nous aussi, nous admettons l'égalité devant la loi ; nous comprenons même que le pouvoir ait fait tous ses efforts pour faire condamner le livre de l'illustre écrivain. Ce que nous ne comprenons pas, c'est l'insolence de la médiocrité envers le génie. Point d'inviolabilité, sans doute, aux yeux de la loi ; mais M. Partarrieu n'est pas la loi, et quand il en réclame l'application, c'est son devoir de se soumettre le premier à ces bienséances que commandent nos mœurs publiques. Quand on a le malheur d'exercer la triste fonction de réclamer sans cesse des châtiments, il faut savoir le faire en gardant pour un prévenu les égards qu'il mérite toujours ; et, quand on a éprouvé qu'on n'admet pas l'inviolabilité pour le talent, la probité, la vie austère, la noble passion du bien, il ne faut pas laisser croire qu'il y a une inviolabilité naturelle pour le mauvais goût et l'impertinence.

Voilà ce que nous avons surtout blâmé ; voilà ce qui nous a paru choquant pour tout le monde. Qu'on eût requis avec modération et dignité, à la bonne heure ; qu'on eût mis, au nom du pouvoir, une certaine importance à un verdict de condamnation, c'est possible encore. Mais qu'après le verdict on vienne réclamer la peine la plus forte, qu'on inflige à un homme qu'on a sous les yeux, et dont la santé est fléchissante, un emprisonnement d'un an, ah ! nous en sommes certains, il n'y a pas un seul point de la France où de pareilles mesures ne causent le sentiment douloureux qu'elles ont causé dans Paris.

M. Lamennais a pu s'apercevoir aujourd'hui des sympathies profondes que lui valent les brutalités du pouvoir. Sa maison a été toute la journée visitée par des citoyens de toutes les nuances d'opinion. Une députation des écoles a été le féliciter. Des officiers de la garde nationale s'y sont rendus en grand nombre, des députés s'y sont rencontrés qui n'ont guère l'habitude de se rencontrer ailleurs. Les hommes de la presse, les illustrations des arts et des sciences s'étaient donné rendez-vous chez lui. — De telles compensations sont bien douces : le cœur de M. Lamennais en a été touché. Quant à sa confiance, elle est d'une telle trempe, que cette condamnation même n'a pu rien ajouter à sa force calme et sérieuse. Que le pouvoir se montre bien fier de sa victoire : si nous étions plus rassurés sur la santé de l'illustre écrivain, nous nous réjouirions aussi de cet arrêt, car il ajoute à la puissance du génie l'ascendant que donne toujours la persécution.

Aujourd'hui, une députation d'étudiants et d'ouvriers s'est présentée chez M. Lamennais pour lui exprimer les vives sympathies dont il est l'objet. (*National du* 28 *décembre.*)

LE SIÈCLE.

(28 décembre.)

M. Lamennais, pour un écrit dont nous n'avons point, on le sait, approuvé les doctrines, mais dont nous sommes persuadés, surtout après les explications de l'auteur, que l'intention était irréprochable, vient d'être condamné à *un an* de prison et deux mille francs d'amende. Nous avons pour maxime et pour habitude de respecter les décisions du jury; nous nous tairons devant celle-ci, que nous croyons dictée par la conscience de la majorité qui l'a rendue. Mais, dans l'intérêt même de la société, qu'on voulait défendre, il nous sera permis de regretter qu'on n'ait pas regardé comme satisfaisantes les déclarations faites à l'audience par M. Lamennais. N'est-il pas à craindre que, lorsqu'ils verront un tel homme frappé par la justice, beaucoup de véritables anarchistes, qui n'ont ni son talent ni son caractère, croient s'élever presque à sa hauteur en attirant sur eux la vindicte des lois? Il nous semble surtout que la magistrature, à qui appartenait le pouvoir de modérer la peine, aurait pu tenir la société pour suffisamment vengée par la condamnation des théories déférées au jugement du jury. En infligeant un emprisonnement d'une année à un vieillard illustre, d'une santé débile, dont les prédications sont fort écoutées dans certaines classes du peuple, qu'a-t-on fait, sinon donner à sa parole, qui avait déjà l'autorité d'une grande renommée, celle qui s'attache à la persécution?

LE CORSAIRE.

(28 décembre.)

L'un des hommes les plus purs, l'une des intelligences les plus élevées de notre temps, M. Lamennais, vient d'être frappé par le jury d'une manière aussi imprévue que funeste. Un arrêt, rendu hier, le condamne à un an de prison et deux mille francs d'amende.

Par quelles impressions d'audience ce résultat a été obtenu, on le devine quand on connaît les habitudes de la justice criminelle ! Les choses sont ainsi organisées en France qu'un homme, quel qu'il soit, si pure que soit d'ailleurs sa vie, peut être à l'audience impunément déchiqueté par les orateurs du parquet. Pour faire condamner un accusé, on ne saurait trop charger les couleurs sous lesquelles on le présente, et le traiter avec une brutalité trop sauvage.

Que voulez-vous? la France est trop riche en génies! Il faut en finir avec eux ; il faut les fouler aux pieds ; il faut en livrer les lambeaux aux gens du roi ! Avec cette éloquence qui est propre aux accusateurs publics, ils auront bientôt balayé le pays de toutes ses illustrations et fait maison nette des grands citoyens qui nous restent ! Eussent-ils en face d'eux un Newton, un Pascal, un Descartes, un Leibnitz, ils sauront avoir pour lui des paroles venimeuses, des airs écrasants, des regards de superbe dédain ! Ils le traiteront au besoin comme le dernier des hommes, calomnieront sa vie, iront fouiller dans le passé pour y trouver une phrase, une ligne, un mot qui donne ouverture à des interprétations subtiles, et après avoir ainsi ouvert les entrailles à leur victime, ils la livreront toute palpitante à des jurés peu habitués à ces émotions de commande et à cette indignation apprise par cœur.

Ceci explique en partie ce qui est arrivé hier pour M. Lamennais. L'exagération de la parole usitée au Palais, et qui s'y maintient comme un reste de la barbarie du moyen âge, a fortement agi sur les esprits des jurés. Ils n'ont pas pu voir M. Partarrieu-Lafosse secouer aussi vivement son bonnet, retrousser avec tant de véhémence les manches de sa robe, sans croire qu'il s'agissait d'un fait capital, et que leur verdict mettait la paix européenne en danger.

Une autre cause, plus décisive encore, de ce résultat inattendu, c'est la composition même du jury.

Quand la loi, dans son optimisme aveugle, a confié au préfet de la Seine le choix de quinze cents noms sur les vingt mille noms privilégiés qui figurent sur les listes électorales, elle a dû croire que le préfet, chargé de ce roulement, le réaliserait de manière à ne pas composer une sorte de tribunal exceptionnel, attentivement trié. Chaque électeur devrait à son tour participer aux charges qu'impose le mandat de juré; et en appeler un certain nombre à l'exclusion des autres, c'est faire acte d'injustice et vis-à-vis de ceux qui sont appelés et vis-à-vis de ceux qui ne le sont pas; vis-à-vis des premiers, en rendant leur devoir plus fréquent et plus lourd; vis-à-vis des seconds, en les privant d'un mandat qu'ils peuvent être jaloux d'exercer.

Si l'on suit attentivement les listes de roulement du jury de la Seine, on peut se convaincre que c'est pourtant cette marche que l'on suit à Paris. Il est tel électeur inscrit depuis dix ans qui n'a pas figuré une seule fois sur les listes du jury, et tel autre qui, en moins de cinq années, a eu trois ou quatre fois l'honneur de sortir de l'urne préfectorale. S'il n'y a pas là-dessous de parti pris, on peut dire que cela y ressemble du moins beaucoup. Ce qui abonde surtout dans les listes, ce sont les officiers publics. Entre avoués et notaires, on en compte à Paris à peu près deux cents titulaires, et cependant, chaque quinzaine, on peut rencontrer deux ou trois et jusqu'à quatre avoués ou notaires sur les listes du jury. Évidemment la proportion n'existe pas entre cette profession et les autres professions qui concourent à former le corps électoral.

Le jury n'est donc pas une vérité, bien s'en faut; il vaut mieux sans doute que les tribunaux composés de juges. Mais la manière dont on interprète l'institution, dont on l'applique, en dénature le bienfait. Corps privilégié lui-même, et représentant les douze cent mille âmes du ressort, le jury de la Seine s'épure sous les doigts du préfet, de manière à compromettre déjà une portion de son indépendance. Ainsi travaillé, il est encore sujet à des récusations de la part du ministère public, de sorte qu'il devient, en face de l'accusé, un corps émanant de diverses influences, et passé au crible d'un triple contrôle politique.

Ceux qui réfléchiront à cette action du pouvoir, s'étonneront moins du résultat de l'audience d'hier. Le cabinet a voulu une condamnation, il l'a laborieusement préparée, c'est pour lui un triomphe aux yeux de l'Europe, aux yeux des Chambres. Les récusations ont été habilement faites, et les grands ressorts d'investigation que possède un gouvernement ont été mis en jeu. Quant à M. Lamennais, à ce noble et grand esprit qui remplit aujourd'hui de ses pensées le monde philosophique, il peut se consoler de la persécution humaine. Elle a toujours été le lot des hommes qui n'ont pas voulu tremper leurs mains dans les iniquités du temps, et qui ont révélé les premiers, à la terre, le mot mystérieux de l'avenir.

LA QUOTIDIENNE.

(28 décembre.)

Nous déplorons très-amèrement la condamnation qui vient de frapper M. Lamennais.

Il y a dans cette condamnation autre chose qu'une peine prononcée contre un homme d'une grande renommée. Il y a un triste indice de la situation contradictoire des esprits en nos jours de doute et d'instabilité.

Certes, nous sommes à une distance incommensurable des idées présentes de M. Lamennais. Mais nous demandons s'il convient également à tout le monde de se faire juge de ces idées.

Un grand, un fatal malheur de M. Lamennais, c'est d'avoir en soi une puissance de logique qui ne s'arrête à nul obstacle. Indomptable génie! s'il se prend à un principe, quel qu'il soit, il le pousse à ses extrêmes limites. On lui a remis, en 1830, le principe de la souveraineté du peuple, et aussitôt il lui a fait produire, en théorie, tout ce qu'il enferme de conséquences. Cela est effrayant peut-être. Mais ceux-là même qui lui ont remis ce principe, sont-ils bien venus à lui interdire de le presser, comme il fait, avec sa logique terrible?

Ils ont, eux, une logique différente. Ils luttent par la force, par la loi, par la majorité, par les Chambres, par le jury contre ce principe de la souveraineté du peuple, qui est leur principe. Mais cela constitue-t-il bien le droit philosophique d'attaquer les raisonnements et les déductions de M. Lamennais?

Cela même les inquiète peu. Ne pouvant vaincre M. Lamennais par la logique, ils penseront le dompter par les peines légales. Or, c'est là ce qui attriste profondément l'homme indépendant de voir de telles dérisions de la vérité, de la sincérité humaine. Nous concevons qu'on veuille se défendre contre des menaces d'anarchie. Mais alors il faut commencer par promulguer la loi de l'ordre. Vivre par la souveraineté du peuple, bien ou mal entendue, et frapper à outrance les opinions qui dérivent de ce principe, c'est là quelque chose de blessant pour la raison, pour l'équité même.

C'est à ce point de vue général que nous jugeons la condamnation de

M. Lamennais, et nous laissons ainsi bien loin de nos aperçus le réquisitoire de M. l'avocat général, le verdict des jurés, l'application de la loi, faite par les juges.

Notre appréciation est plus philosophique, et aussi notre plainte est plus morale.

Si nous étions dans une société constituée avec des idées justes et des lois véritables, avec des croyances communes, avec une règle précise, avec une autorité non contestée, les opinions privées ne seraient pas exposées à n'avoir d'autre contrôle qu'elles-mêmes.

Etrange spectacle! M. Lamennais a passé la moitié de sa vie à demander un tel état de société. On lui a répondu par une révolution faite dans la rue, qui est la plus visible expression de l'indépendance des idées et des volontés.

Et alors il a pris pour chimérique ce qu'il avait espéré, et, à son tour, il est descendu dans la rue. Qu'y a-t-il trouvé? des condamnations.

Tout cela n'est-il pas déplorable? Est-ce là ce qu'on appelle de l'ordre? Est-ce là de la vérité, de la politique, de la justice?

Pour nous, nous regrettons du fond du cœur que M. Lamennais ait délaissé son œuvre première. Si la question entre nous était en ce moment une question de croyance, nous lui en ferions un reproche. Mais ce qu'il nous fallait dire aujourd'hui, c'est la douleur que nous avons eue de voir cette rare intelligence ainsi battue par les opinions, et puis ainsi frappée et ainsi punie. Lorsque, dans l'Église, il y avait des condamnations, c'étaient les doctes qui siégeaient au concile. De quelle hauteur on a fait déchoir le génie!

LA PRESSE.

(28 décembre.)

Le verdict du jury à la suite duquel M. Lamennais a été condamné hier a un an de prison et à deux mille francs d'amende, s'il ne nous a pas surpris, nous a profondément émus.

Dans ce triste débat, le rôle le plus pénible certainement n'était pas celui du prévenu, mais celui du ministère public; il l'a rempli avec courage. En de tels cas, la rigueur de la loi est moins dans les peines qu'elle applique aux prévenus que dans les devoirs qu'elle impose à ses interprètes. Quand on appartient aux opinions que nous représentons, on ne traduit pas devant une Cour d'assises un écrivain aussi éminent, aussi célèbre que M. Lamennais ; on n'invoque pas contre la supériorité d'un tel esprit le principe de l'égalité de la loi, sans trouble, sans effort, sans déchirement. Il n'y a que les niveleurs de l'école révolutionnaire que le talent n'a pas le don d'émouvoir, qui font tomber sans hésitation, sans scrupule, peut-être même sans remords, les têtes de Bailly, Lavoisier, Condorcet, Champfort, Cazotte, Thouret, André Chénier, etc.

Il est une doctrine que nous avons constamment soutenue, c'est celle de la stricte observation des lois en tous temps et envers tous, quelque imparfaites ou quelque sévères qu'elles puissent être. Appliquer les lois lorsqu'elles sont vicieuses, c'est hâter le jour de leur réforme ou de leur abrogation. Il n'y a de lois redoutables et longtemps rigoureuses que celles que le pouvoir laisse sommeiller, que celles que l'arbitraire peut soudainement tirer de la désuétude. Ce qui constitue, suivant nous, l'intimidation, système qui nous a toujours eu pour adversaire, ce n'est pas l'énergie, mais l'intermittence de la répression. Le ministère public, le jury, la magistrature, en poursuivant et en condamnant l'auteur du libelle intitulé : *le Pays et le Gouvernement*, sans s'arrêter à cette considération que M. Lamennais était aussi l'auteur de *l'Essai sur l'indifférence en matière de religion* et de *l'Esquisse d'une Philosophie*, ont donc rempli, quoi qu'il pût leur en coûter, les devoirs que la loi et la société leur prescrivaient. Nul doute qu'à son tour le gouvernement ne fasse le sien ! Il n'exigera pas que l'orgueil du grand écrivain s'humilie ; il ne souffrira pas que les verroux d'une prison s'ouvrent devant un vieillard sexagénaire que l'entraînement de la popularité a pu égarer, mais dont l'étude, avant le temps, a courbé la tête sur la frêle poitrine ! Sans doute le mal que peut causer l'abus qu'un écrivain fait de ses facultés se mesure à leur étendue, et, de même que la hauteur des clochers tente la foudre, il est des circonstances aussi où l'illustration des écrivains doit appeler l'énergie de la répression ; mais si la sincérité de la justice n'admet aucune exception au principe de l'égalité devant la loi, il n'en est pas ainsi du ministre qui gouverne ; il a une autre tâche à remplir que le magistrat qui juge : celui-ci n'a pas de responsabilité ; il n'a de compte à rendre qu'à sa conscience ; celui-là en doit à son pays et à son siècle ; celui-là n'est pas seulement tenu d'être juste, mais encore d'être habile, éclairé, généreux, magnanime ! Celui-ci n'a jamais que des prévenus à absoudre ou à condamner, celui-là a des ennemis à désarmer, des partis à déconcerter. Il est des cas où la clémence n'est pas moins un devoir qu'un droit, où la sévérité de la loi a besoin, pour atteindre son but, d'être aidée par la générosité du pouvoir ! — Ce sont là des vérités que nul ne saurait mieux comprendre que le ministre qui s'appelle Guizot, lorsqu'il s'agit d'un écrivain qui se nomme Lamennais !

LE CHARIVARI.

(28 décembre.)

Nos lecteurs savent déjà le déplorable verdict dont M. Lamennais et avec lui l'honneur des mœurs politiques de la France viennent d'être victimes. Hier, après des débats qui se sont prolongés trop tard pour que nous ayons pu en mentionner le résultat, débats où l'avocat général Partarrieu-Lafosse s'est montré d'une outrecuidance sans exemple, le vénérable auteur des *Paroles d'un Croyant*, l'une de nos plus belles gloires nationales, a été condamné, malgré une habile défense de M. Mauguin, à *un an de prison et à deux mille francs d'amende.*

Disons-le hautement : de quelque amertume que ce fait nous remplisse, nous ne nous sentons pas le courage d'accuser ceux qui sont accablés déjà si tristement par ce rapprochement inouï : la prison et M. Lamennais !

Garnier-Pagès et David (d'Angers) ont serré la main de l'illustre condamné, et Châteaubriand pleurait à ses côtés. Est-il beaucoup d'arrêts qui pussent tenir compte de si nobles manifestations ?

« C'est sur eux qu'ils *ont tiré*, » peut-on dire des conservateurs comme M. Dupin disait des factieux. Il est certain que cette condamnation, quoique bien inattendue, ne sera pas en fait un des moindres services que M. Lamennais aura rendus à la cause radicale.

M. Pagnerre, éditeur de M. Lamennais, a été acquitté après une bonne plaidoirie de Me Coralli.

LE COMMERCE.

(29 décembre.)

Le ministère vient de remporter une triste victoire ; il a fait condamner à une année de prison M. Lamennais, un homme que tant de travaux ont rendu illustre dans toute l'Europe, et que son dernier ouvrage, encore inachevé, recommande à l'admiration et au respect des hommes éclairés et des gens de bien. L'orateur du parquet a dit que la loi ne reconnaissait aucun privilége, même au profit du génie ; mais un accusé ordinaire aurait-il obtenu les honneurs de l'animosité dont l'illustre écrivain a été l'objet? Le ministère public avait à poursuivre un écrit de quelques pages, et c'est contre la personne de l'auteur, c'est contre l'ensemble de ses œuvres qu'il a excité l'animadversion du jury; il lui a dénoncé des ouvrages qu'aucun des jurés peut-être ne connaissait. Et lui-même les avait-il lus?

Nous voulons croire, pour l'honneur de sa bonne foi, que du moins il ne les avait pas compris. Dans laquelle des grandes compositions de M. Lamennais M. Partarrieu-Lafosse a-t-il trouvé des maximes de désordre et d'anarchie? est-ce dans le livre de *l'Indifférence*, où le prêtre élève l'autorité de l'Église au-dessus des pouvoirs temporels? est-ce dans *l'Esquisse*, où le philosophe fonde sur le principe du devoir toute sa théorie sociale? Partout M. Lamennais attaque les doctrines matérialistes, favorables aux passions. Prêtre, philosophe, publiciste, l'illustre écrivain donne aux hommes, aux peuples, aussi bien qu'aux législateurs et aux gouvernants, les leçons de la plus pure et de la plus sévère morale. Il a plu à M. Partarrieu-Lafosse de s'ériger en censeur de cette vaste théorie, dont tous les écrits de M. Lamennais contiennent les développements; il lui a plu de méconnaître l'unité qui en lie les parties diverses, et de n'y voir qu'inconséquence et versatilité. Permis à lui. Son erreur, si ce n'est qu'une erreur, est réfutée par vingt volumes, comme l'a dit M. Mauguin. Ces volumes ont déjà trouvé et trouveront par la suite des lecteurs plus intelligents que M. Partarrieu-Lafosse. La gloire de M. Lamennais ne souffrira pas beaucoup des censures du parquet.

Malheureusement M. Partarrieu-Lafosse, juge fort incompétent en matière de philosophie, est l'organe légal du ministère public; il est sorti de sa cause, il a transformé une mauvaise critique en accusation, et son erreur a pris ainsi le caractère d'une injustice et d'une persécution! Le jury a cru sur sa parole que M. Lamennais était en effet un prédicateur d'anarchie. Ce n'est pas seulement l'auteur de l'écrit incriminé qui a été inculpé, c'est l'homme même. Le public ne s'y méprend pas, et quelques jugements divers qui aient pu être portés sur l'écrit condamné, toutes les opinions généreuses se réunissent pour défendre l'homme contre des animosités qui s'attaquent à son caractère. C'est le privilége du génie et de la vertu de grandir et de se glorifier dans la persécution.

LE NATIONAL.

(29 décembre.)

Hier, une première députation d'étudiants s'était rendue chez M. Lamennais pour lui exprimer les sentiments des écoles. Aujourd'hui ces jeunes gens, s'étant réunis dans les divers cours qu'ils fréquentent, ont jugé convenable de faire une démonstration publique afin que tout Paris pût en être témoin. Après s'être rassemblés au nombre de plus de *trois mille* dans la cour et sur la place de l'École-de-Médecine, ils se sont rendus, par files de quatre, au domicile de M. Lamennais sur les boulevards. Dans ce long trajet, pas un cri, pas le moindre désordre. Ces jeunes gens évitaient même de parler haut, afin que tout le monde pût comprendre qu'ils allaient accomplir un devoir patriotique. Une affluence considérable les a suivis jusqu'à la demeure de l'illustre écrivain, et une foule extrêmement nombreuse s'était associée à leurs sentiments.

L'un de ces jeunes gens, étant en présence de M. Lamennais, a lu d'un accent pénétré le discours suivant :

« Monsieur,

« La jeunesse des écoles s'est émue en apprenant le verdict de condamnation qui vous a frappé; elle vient vous exprimer ses douleurs et ses sympathies, non parce qu'elle se propose de vous donner de la force, car elle sait bien que votre âme est placée dans une région trop élevée pour être accessible à aucune espèce d'intimidation, mais parce qu'il lui a semblé qu'il y aurait honte et lâcheté pour elle à laisser passer cet acte sans protestation.

« En quel temps vivons-nous, grand Dieu! pour qu'on n'ait point hésité à vous condamner, vous grand parmi les grands, et par votre vertu et par votre intelligence? En quel temps vivons-nous pour qu'un homme parlant au nom du pouvoir ait osé vous accuser de mensonge, vous l'homme de la vérité, de la pureté et de la justice? En présence de ce qui s'est passé hier, quoi désormais pourrait étonner?

« Vous avez combattu pour la cause de l'indépendance nationale, pour la grandeur de la France, menacée par ces mêmes rois qui, deux fois déjà, ont envahi son territoire. Vous avez réclamé des droits pour ceux que l'injustice en a dépouillés.

« Vous avez pris la défense du faible, de l'opprimé ; la justice et le droit animaient votre grande âme.

« Honneur à vous !

« Que l'on ait essayé de vous mettre en opposition avec vous-même, en citant des phrases tronquées de vos nombreux ouvrages, qu'importe ? A-t-on espéré par là briser votre autorité sur les masses, et votre influence sur la marche de l'humanité ? Vains efforts que ces paroles grossièrement outrageantes d'un déclamateur ignorant. Elles ne prévaudront pas, parce qu'il y a dans les phases diverses de votre vie unité de principes en même temps que développement logique et continu. Que des hommes, placés dans d'autres conditions, ne comprennent pas tout ce qu'il y a de vrai, de moral et de progressif dans cette vie consacrée tout entière à la recherche du vrai et à la pratique du bien, cela ne doit pas surprendre. Il y a des sentiments incompatibles avec les natures dépravées.

« Vos paroles pures et éloquentes nous ont bien des fois moralisés et soutenus dans ces temps si rudes et si tristes d'un matérialisme grossier, au milieu des maximes d'égoïsme et de corruption *officielles* que l'on répand parmi nous. Si nous avons fait quelque bien, nous vous le devons ; si nous avons évité le mal, nous vous le devons encore. L'exemple de votre courage, dans cette circonstance, sera pour nous un nouvel et précieux enseignement. Dans les cachots où vous jette le pouvoir, nous irons demander à votre noble intelligence, à votre dévouement, à votre patriotisme, des inspirations généreuses. Vous êtes notre père : que notre amour vous console de la haine que vous portent les ennemis du peuple ! »

M. Lamennais a paru extrêmement touché de cette démarche. Ceux qui l'ont vu, malgré sa souffrance physique, supporter avec un calme si digne et si fier la condamnation qui l'a frappé, ont pu reconnaître que ce cœur, inébranlable à toutes les persécutions du pouvoir, ressent des émotions profondes, dès que les sympathies de la jeunesse et du peuple viennent l'atteindre. M. Lamennais a exprimé ses remercîments aux étudiants, dans quelques paroles simples et nobles.

La presse indépendante est unanime pour blâmer la sévérité de l'arrêt qui a frappé M. Lamennais, et la responsabilité de cette rigueur gratuite retombe tout entière, non sur le jury, qui ne prononce que sur la matérialité du fait, mais sur la Cour, qui seule applique la peine : or, ici la loi, même pour le chef d'accusation le plus grave, permettait de n'infliger qu'*un mois* de prison, la Cour a prononcé UN AN !... Voilà ce qui a étonné (nous pourrions nous servir ici d'un mot plus fort) tout le monde, ceux-là même qui ne partagent pas les opinions de l'auteur des *Paroles d'un Croyant*. Ce n'est plus ici une question de politique, c'est une question de bienséance sociale, de mœurs publiques, d'humanité. On se demande, et l'on a droit de se demander le sens d'une persécution si contraire à la générosité du caractère français. C'est presque frapper à terre un ennemi vaincu, et nous sommes persuadés que plus d'un juré a regretté amèrement sa boule noire, en voyant le résultat du verdict. Puissent tous les juges avoir la conscience aussi calme et porter la tête aussi haut que l'illustre condamné !

On a entendu avec non moins de surprise le président, M. Ferey, énoncer dans son résumé des moyens d'accusation dont le parquet lui-même n'avait point fait usage ; nous en citerons deux exemples : M. Ferey s'est étendu, à propos des événements de Foix, sur l'arrêt de la Cour royale de Toulouse que le ministère public avait à peine indiqué ; de plus, il a parlé de la loi sur la Banque de France, dont M. Partarrieu n'avait pas dit un mot. C'était là, pour ainsi dire, développer des moyens nouveaux, et l'on paraissait regretter que la mémoire de M. le président, ordinairement si fidèle et si sûre, ne lui eût fait défaut que dans sa partie du résumé relative à l'accusation.

On regrettait aussi que, dans sa conclusion, il eût fini précisément par la condamnation au lieu de finir par l'acquittement, ce qui eût été plus conforme aux coutumes judiciaires en pareille matière, et peut-être aussi aux convenances rigoureuses. Ce n'est là sans doute, nous nous plaisons à le croire, qu'un pur effet du hasard et une affaire de style ; une phrase se sera présentée avant l'autre sur les lèvres de M. le président, et voilà pourquoi celle qui aurait dû sortir la première est sortie la dernière. Non, nous ne voudrions pas supposer que M. Ferey ait calculé l'effet de ses derniers mots sur l'esprit des jurés ; malheureusement cet effet a dû être produit, et voilà ce que l'on déplorait au sein de l'auditoire dans l'intérêt même de la magistrature, qui dispose en dernier ressort de la fortune et de la liberté des citoyens.

(*National du* 29 *décembre*.)

LE NATIONAL.

(2-3 janvier.)

HOMMAGE A M. LAMENNAIS.

Une députation du comité réformiste du douzième arrondissement s'est présentée aujourd'hui chez M. Lamennais; elle se composait de plus de deux cents citoyens. M. Aubeux a pris la parole en ces termes :

« Le comité réformiste du douzième arrondissement a ressenti vivement l'effet du jugement rendu contre vous, et il vient vous offrir un témoignage public de ses sentiments fraternels.

« Oui, M. Lamennais, nous souffrons des privations qui vous attendent, comme nous nous associons à votre pensée de moralisation et d'indépendance nationale dans un avenir prochain.

« La cause sainte que vous défendez a des consolations pour tous ceux qui se trouvent froissés dans la lutte, et vous puiserez dans la conscience du grand devoir accompli la force nécessaire pour résister aux coups de l'adversité.

« Consolez-vous; car votre condamnation déplorable va rendre une énergie nouvelle aux partisans de la réforme en démontrant l'urgence de son application large et complète.

« Consolez-vous; car nous vous aimons et nous vous révérons comme notre père, et nous avons pour vous l'estime et l'admiration que l'on doit à un grand citoyen et à une intelligence supérieure occupée sans relâche du bien-être de l'humanité. Puisse le souvenir de cette journée être présent à votre cœur aux jours de l'infortune et vous rappeler constamment que, quelle que soit votre position, nous serons toujours avec vous! »

Des électeurs radicaux du douzième arrondissement sont également venus en députation chez M. Lamennais; M. Delestre, l'un d'eux, lui a adressé les paroles suivantes :

« Citoyen,

« Nous venons, au nom des électeurs radicaux du douzième arrondissement, vous exprimer notre vive sympathie et vous témoigner la part que nous prenons au résultat déplorable du verdict qui vous a frappé.

« Depuis longtemps vous avez fait abnégation de vous-même au profit de la liberté; vous vous attendiez à souffrir pour elle.

« Soyez fier de ces persécutions ; elles ne compromettent pas la noble cause dont vous êtes l'un des plus habiles défenseurs. La colère de vos ennemis ne peut atteindre ce qui les blesse en vous, et vous les dominez encore de toute la hauteur de votre intelligence : ils pourront séquestrer la personne de l'écrivain, mais ils ne trouveront point d'enceinte assez vaste pour y renfermer sa sublime parole.

« Votre force morale vous soutiendra dans ces moments de souffrance corporelle, et, comme celui qui vous a précédé dans la carrière de l'émancipation des peuples, vous appellerez le pardon et la lumière sur ceux qui ne vous ont pas compris.

« Nous avons confiance en l'avenir : le temps approche où la réparation la plus complète justifiera votre conduite.

« Citoyen, vous allez obéir à la dure prescription de la loi; nous avons besoin de vous dire que notre amour et notre vénération vous suivront dans votre nouvel asile.

« Comptez sur nous comme nous comptons sur vous. »

M. Lamennais, profondément ému de cette manifestation, a trouvé de nobles inspirations pour remercier les citoyens qui se pressaient autour de lui.

Une députation d'ouvriers, auxquels s'étaient joints une centaine de gardes nationaux en uniforme, s'est rendue auprès de l'illustre écrivain. Ils étaient au nombre, non pas de cent, comme le dit *le Messager*, mais de cinq ou six cents au moins.

Un ouvrier a porté la parole en ces termes :

« Citoyen,

« Mes amis m'ont prié d'être leur organe près de vous ; mais ils ont mal choisi leur orateur, car, en face de la gloire frappée par la médiocrité, mon émotion est profonde, et je ne sais si je pourrai la maîtriser assez pour remplir dignement ma mission.

« Je dois vous exprimer quelle a été notre douleur et notre surprise, en apprenant la prévention dont vous avez été l'objet de la part des agents d'un pouvoir qui voudrait étouffer chez nous tout germe de civisme et de nationalité.

« Loin de nous cependant l'idée d'attaquer des jurés égarés sans doute par les sophismes d'un jeune déclamateur qui semblait avoir mis toute son intelligence à fausser la vérité.

« Mais, citoyen, ce réquisitoire si violent a produit parmi nous un effet contraire à celui qu'en attendaient vos ennemis : nous ne savions pas, et ils nous l'ont appris, que toute votre laborieuse vie avait été une étude continuelle du sort du peuple et des moyens de l'améliorer; nous ne savions pas que vous vous étiez adressé à toutes les influences, leur demandant aide et protection pour renverser l'oppression, écarter l'oppresseur, faire place à l'opprimé; nous ne savions pas que vous n'aviez pas été entendu des premiers ministres de cette religion que le Christ a jetée sur la terre pour l'affranchissement et le bonheur de l'humanité.

« Honneur à vous qui, désespérant de vaincre l'égoïsme et la méchanceté des puissants, vous êtes adressé aux faibles. Là votre voix a été entendue, car le peuple ne se trompe pas sur son véritable ami.

« Citoyen, votre coopération à l'œuvre qui s'accomplit en ce moment par le progrès des esprits, lui fera faire un pas immense; les ouvriers vous suivront jusqu'au bout dans cette voie périlleuse, et dès aujourd'hui ils sont prêts à sacrifier liberté, avenir, existence, pour reconquérir à leur patrie le rang que des hommes sans cœur lui ont fait perdre, et qu'elle doit occuper dans le monde comme moteur de la civilisation.

« Adieu donc, et en vous quittant permettez que je cite ces paroles du poëte populaire dont nous regrettons le silence, paroles qui ne sauraient trouver une meilleure application :

« *Sa cause est sainte; il souffre, et tout grand homme*
« *Auprès du peuple est l'envoyé de Dieu.* »

M. Lamennais a répondu à ces ouvriers en leur exprimant ses remercîments. Il a ajouté qu'il était fier de ces démonstrations, et qu'il s'estimait heureux de souffrir un peu pour le peuple, qui avait tant à lui-même.

LE NATIONAL.

(4 janvier.)

Les témoignages de la plus vive, de la plus profonde sympathie n'ont cessé d'entourer M. Lamennais depuis sa condamnation.

Aujourd'hui encore il a reçu pendant toute la journée la visite de plusieurs députations.

Nous ne pouvons citer ni les lettres qui nous arrivent des départements à ce sujet, ni toutes les allocutions adressées à l'illustre écrivain.

Voici les paroles simples et dignes que M. David (d'Angers) a prononcées au nom du comité du 11e arrondissement, qui s'était porté chez M. Lamennais, accompagné d'un grand nombre de citoyens.

« Les membres du comité réformiste du 11e arrondissement ont désiré vous voir avant votre entrée en prison ; ils veulent vous témoigner leur admiration, leur reconnaissance, pour la persévérance avec laquelle vous défendez la grande cause des peuples par votre sublime génie, et par votre noble et énergique caractère. Ils veulent en même temps vous exprimer la profonde douleur qu'ils éprouvent de la condamnation demandée par le ministère de l'étranger, et qui, au lieu de vous abattre, n'a fait qu'ajouter un fleuron à votre couronne d'apôtre populaire.

« Croyez-le bien, nos cœurs et nos sympathies vous suivront jusque sous les verrous du pouvoir. »

Une députation du 2e arrondissement, au nombre de deux cents citoyens et gardes nationaux, s'est aussi présentée chez M. Lamennais, et l'un d'eux, chargé de porter la parole, a prononcé le discours suivant :

« Citoyen,

« Je viens, au nom d'un comité réformiste du 2e arrondissement, vous exprimer combien nous sommes heureux et fiers de posséder, au milieu d'un siècle d'égoïsme et de corruption, un homme assez généreux, assez dévoué pour sacrifier tous les instants de sa vie à la propagation des principes de dévouement et d'éternelle justice.

« Il faudrait désespérer de la cause de l'humanité, si les persécutions pouvaient émousser un courage tel que le vôtre ; mais, nous n'en doutons pas, votre âme est au-dessus de telle faiblesse, et nous en sommes persuadés, si quelque chose peut adoucir les rigueurs de votre captivité, c'est la douce consolation de pouvoir encore, du fond de votre prison, faire entendre les paroles de vérité qui font la honte des hommes dont le culte est l'intérêt matériel, et pour lesquels tout sentiment généreux, tout dévouement est un crime.

« Nos sympathies vous sont acquises, daignez en agréer l'expression au nom du comité dont je suis l'organe, et croire à tous les vœux que nous faisons pour la conservation d'un citoyen dont la vie est si dignement consacrée à la cause populaire. »

M. Lamennais, après avoir exprimé ses remercîments, a vivement recommandé aux citoyens le dévouement, l'abnégation personnelle, l'esprit de conciliation qui doit toujours animer ceux qui travaillent de concert pour la cause de la liberté.

Il est venu à M. Lamennais bien d'autres hommages très-inattendus. Nous ne les indiquerons même pas, pour ne compromettre personne; mais ils témoignent que les droits de l'intelligence sont en ce pays honorés et respectés comme ils doivent l'être; il prouvent encore que le pouvoir, en poursuivant avec tant d'acharnement un homme éminent par le cœur, le caractère et le talent, a tourné contre lui tous ceux qui conservent quelques sentiments généreux.

On pensait généralement que M. Lamennais se rendrait en prison demain. Un grand nombre de patriotes sont venus aujourd'hui nous parler de l'intention qu'ils auraient d'escorter le condamné jusqu'à Sainte-Pélagie. Quelque honorable que soit ce projet, il a des inconvénients graves et que tout le monde comprendra en y réfléchissant. Les hommages de toute sorte que M. Lamennais a reçus chez lui sont bien suffisants pour montrer de quelles sympathies il est l'objet. La démonstration à laquelle on avait songé n'y ajouterait rien; elle serait désobligeante même pour M. Lamennais, et cette seule considération, à défaut de toute autre, suffira certainement pour que les patriotes s'abstiennent de la manifestation qu'ils avaient projetée.

JOURNAL DU PEUPLE.

(4 janvier.)

Plusieurs journaux de province, d'après une correspondance particulière de Paris, racontent le fait suivant :

« La condamnation de M. Lamennais nous donne l'occasion de rapporter un fait qui honore M. Thiers. Quand il fut question, dans le conseil, de diriger, contre l'auteur des *Paroles d'un Croyant*, des poursuites *qui étaient demandées par la Chambre des pairs*, M. Thiers fit de grands efforts pour décider la majorité de ses collègues à ne pas autoriser ces poursuites. N'ayant pu réussir dans ses tentatives, et étant obligé de se soumettre à l'avis de la majorité, M. Thiers envoya un de ses amis à M. Lamennais pour l'engager à parer le coup dont il était menacé par une nouvelle édition de sa brochure, à laquelle il ajouterait une préface explicative; il lui fit en outre témoigner tout le regret qu'il éprouvait de n'avoir pu empêcher des poursuites qu'il désapprouvait et auxquelles il souhaitait peu de succès.

« M. Thiers n'étant plus au pouvoir, nous ne voyons aucun inconvénient à révéler un fait honorable pour lui, et qui diminue sa part de responsabilité dans les fautes commises par le cabinet du 1er mars. »

Nous regrettons que des journaux patriotes aient accueilli cette historiette sur la foi d'un correspondant tout au moins fort mal renseigné.

Que les amis, ou, si vous aimez mieux, les généreux ennemis de M. Thiers s'efforcent d'atténuer la part de solidarité de l'ex-président du conseil, à l'occasion des poursuites exercées contre M. Lamennais, et de l'exorbitante condamnation qui l'a frappé, on le conçoit. Il y a de ces faits que l'on n'accepte pas volontiers, parce qu'ils sont de nature à entacher, aux yeux de la postérité, la mémoire des hommes qui les ont provoqués.

Mais que l'excès de zèle ou de magnanimité aille jusqu'à altérer la vérité, à dénaturer les faits, c'est ce que nous ne pouvons laisser passer sans mot dire.

Il est faux que M. Thiers ait envoyé un de ses amis à M. Lamennais pour l'engager à parer le coup dont il était menacé par une nouvelle édition de sa brochure, à laquelle il ajouterait une préface explicative.

M. Lamennais n'a jamais eu de rapport avec M. Thiers et avec ses amis, ni dans cette circonstance, ni dans toute autre.

Quant à cette préface, faite avant toute poursuite, elle se trouvait depuis plusieurs jours entre les mains de M. Pagnerre. Elle avait été motivée par les attaques des journaux de la cour, et aussi des journaux dynastiques et légitimistes.—M. Lamennais n'attendait, pour la publier, que la fin de la première édition de son courageux pamphlet. S'il l'a communiquée, avant la saisie faite chez l'éditeur, au *National*, au *Commerce*, au *Charivari*, c'est qu'il ne voulait pas rester plus longtemps sous le coup des calomnies que l'on se plaisait à répandre contre ses doctrines.

Il est également faux que M. Thiers ait fait témoigner à M. Lamennais tout le regret qu'il éprouvait de n'avoir pu empêcher des poursuites qu'il désapprouvait et auxquelles il souhaitait peu de succès.

Cette déclaration vraiment touchante des amis de M. Thiers est un peu trop tardive ; et nous pensons que si M. Thiers regrette quelque chose, ce n'est pas la poursuite dirigée contre M. Lamennais, mais la honte qui rejaillira sur son administration.

Pour nous, qui jugeons les hommes politiques d'après leurs actes, et non pas d'après leur position, qui apprécions ces actes dans leur rapport avec la loi morale, de quelque part et en quelque circonstance qu'ils se produisent, qui aimons par dessus tout la vérité, et ne saurions transiger avec elle-même en faveur d'un de nos amis, nous rendons justice à M. Thiers en lui laissant sa part de responsabilité dans les fautes commises par le cabinet du 1er mars.

JOURNAL DU PEUPLE.

(10 janvier.)

M. Lamennais ne s'est pas pourvu en cassation contre l'arrêt de la Cour d'assises qui l'a condamné.

Il s'est constitué prisonnier lundi dernier.

Un grand nombre de gardes nationaux, d'ouvriers et de jeunes gens des écoles désiraient l'accompagner jusqu'à la porte de la prison. Ils voulaient protester ainsi contre la rigueur de la condamnation qui a frappé un homme dont le cœur n'a jamais battu que pour le peuple et pour la gloire nationale. M. Lamennais a été vivement touché de cette preuve de sympathie. Toutefois, craignant qu'une manifestation aussi nombreuse, si digne, si calme qu'elle dût être, ne donnât lieu à quelque provocation brutale de la police, il a prié instamment de s'abstenir : une seule arrestation faite à cause de lui l'eût profondément affligé. Les patriotes ont compris son désir et se sont abstenus. M. Lamennais les remercie.

Au moment où M. Lamennais entrait à Sainte-Pélagie, une pauvre femme s'est écriée : « Voilà pourtant comme on traite les défenseurs du peuple ; on n'a pour eux que des prisons. »

NOTICE

BIOGRAPHIQUE ET LITTÉRAIRE

SUR

M. F. LAMENNAIS.

> Lorsqu'en des temps semblables à ceux-ci, un homme isolé, sans appui, se décide à dire la vérité à toutes les forces qui abusent d'elles-mêmes, on doit croire qu'il sait à quoi il s'expose, et qu'il est préparé à tout.
>
> (LAMENNAIS, 1829.)

Parmi toutes les accusations hasardées qui abondent dans le réquisitoire du ministère public, il en est une qui semble incriminer plutôt la conscience de l'homme que les délits de l'écrivain, et reprocher à M. Lamennais moins le danger de ses principes que leur inconstance. Ce n'est pas la première fois que l'on parle des variations de M. Lamennais, et M. Partarrieu-Lafosse n'a fait que se rendre l'écho de quelques feuilles obscures ; car, malgré leur ardeur contre le journalisme, les avocats généraux ne manquent jamais de lui emprunter quelques-unes de ses niaiseries les plus saillantes, toutes les fois qu'elles peuvent fournir le texte d'une péroraison ou d'une apostrophe oratoire.

Aussi ne serait-ce guère la peine de répondre à cette imputation téméraire, si elle n'eût été répétée ailleurs que dans les déclamations du parquet ; si des esprits impartiaux et même quelques partisans de la démocratie ne l'eussent trop facilement accueillie, faute d'avoir étudié les antécédents d'un homme qui semble destiné à être également admiré et condamné sans examen.

Toutefois, qu'on le sache bien, si M. Lamennais eût été dans ses premiers écrits le défenseur de l'absolutisme, et que, par une conversion soudaine, il se fût proclamé l'apôtre du peuple, loin d'y voir un sujet d'accusation, nous eussions fait entendre les mêmes cris d'enthousiasme que les chrétiens lorsqu'ils reçurent au milieu d'eux saint Paul abjurant ses premières erreurs. Sans doute qu'alors les prêtres de la synagogue déploraient les variations de saint Paul, comme aujourd'hui les prêtres du Vatican et les missionnaires du parquet déplorent les variations de M. Lamennais; et pourtant le nom de saint Paul nous est arrivé pur et sans tache, sans même que sa lumineuse image ait pu être obscurcie par la haine puissante du sanhédrin. Nous ne repousserions donc pas une analogie de plus avec le grand apôtre, si cette analogie était réelle. Mais pour qui a bien compris les doctrines de M. Lamennais, il y a en elles une immuable unité, une logique invariable dans son principe, quoiqu'elle ait pu s'adresser successivement à divers moyens d'application.

Car c'est là véritablement qu'est toute la question. Un principe une fois posé, en suivre toutes les conséquences, voilà ce qu'on peut demander à un homme de bonne foi. Mais exiger de lui qu'il ne s'égare pas dans la recherche de ces conséquences, vouloir qu'il prenne tout d'abord la bonne route, ou mieux, qu'il persiste dans la mauvaise lorsqu'il s'y est engagé, c'est vouloir en lui l'infaillibilité, ou le condamner à la renonciation de ses doctrines fondamentales. Toute idée renferme un principe et une réalisation extérieure de ce principe. Qu'un homme varie sur le principe, il nous est permis d'accuser ou sa science ou sa bonne foi; mais qu'il varie dans les moyens de réalisation, qu'après s'être adressé à toutes les puissances matérielles pour l'aider dans l'accomplissement de son œuvre, il les abandonne lorsqu'il voit qu'il ne peut en être compris : c'est là la preuve la plus manifeste de son inaltérable conviction, de son opiniâtre fixité. Ainsi M. Lamennais, persuadé que la société ne pouvait être sauvée que par le développement des idées chrétiennes, a d'abord appelé les rois à son aide, et les rois ne l'ont pas écouté ; il a invoqué les prêtres, et les prêtres ne l'ont pas écouté ; il a rassemblé à sa voix les peuples, et les peuples l'ont suivi ; et il a vu que les peuples devaient être les seuls instruments de l'avenir. Que si on lui reproche ces différents appels faits à différentes puissances, il faut aussi reprocher à Colomb de s'être adressé à différents souverains, pour réaliser la découverte du nouveau monde que son génie avait deviné.

Sans doute il y a une autre manière de ne pas varier : c'est d'accepter le pouvoir quel qu'il soit, de courber humblement la tête devant les grandeurs du jour, d'être toujours immuable dans la servilité et constant dans l'apostasie. Oh ! alors, aucun accusateur ne vous reprochera ni vos révoltes ni vos variations. Mais lorsque, comme M. Lamennais, on a vu saisir les premiers écrits de sa jeunesse par la police ombrageuse de l'empire (1), lorsqu'on s'est vu sous la restauration condamner en police correctionnelle (2), lorsqu'on se voit, sous le gouvernement de Juillet, traîner sur le banc des assises, certes on est coupable de grandes variations ; car le pouvoir a beau varier, on est invariablement son adversaire.

Au surplus, c'est abuser étrangement des maximes de l'Évangile, que d'invoquer contre M. Lamennais ces paroles du Christ : « Rendez à César ce qui est à César ; » car l'avocat général a eu soin d'omettre les mots suivants : « et à Dieu ce « qui est à Dieu. » Ce n'est pas la première fois que le ministère public a usé contre les écrivains chrétiens et du même texte et de la même réticence : et pourtant, en tronquant la citation, l'accusation avoue qu'elle n'est pas sincère. Car si l'écrivain attaque César, c'est lorsqu'il usurpe sur le peuple, c'est-à-dire lorsqu'il ne rend pas à Dieu ce qui est à Dieu.

Examinons maintenant à quoi se réduisent les erreurs d'application qui ont pu fournir un si beau texte aux hyperboles

(1) *Réflexions sur l'état de l'Eglise* (1808).

(2) *La Religion, considérée dans ses rapports avec l'ordre civil et politique* (1826).

des réquisitoires. M. Lamennais n'a pas attendu les leçons d'un avocat général pour faire justice de ces erreurs ; car il écrivait en 1835 : « Nous n'avons à désavouer aucune de nos paroles, « en tant que sincères. Mais nous nous sommes souvent trompé, « et quelquefois gravement (1). » Il y aurait donc présomption de notre part à vouloir pour M. Lamennais une indulgence qu'il ne s'accorde pas lui-même.

M. Lamennais a passé tout à coup et sans transition de l'obscurité à la plus haute renommée. L'*Essai sur l'indifférence en matière de religion* (2) révéla soudainement à la littérature un écrivain sublime, à la science un profond philosophe, à l'Église un ardent apôtre. Pour cette triple mission, les temps étaient favorables. La littérature de l'empire s'était en vain prosternée dans les antichambres de César ; les exploits les plus gigantesques ne lui inspirèrent pas une seule strophe qui fît pardonner sa servilité. Les écoles se débattaient sous les dernières conséquences du système de Condillac, héritier dégénéré de Descartes. L'Église, encore toute meurtrie des combats du dix-huitième siècle, ne montrait de souci que pour le rétablissement de vaines cérémonies, fort accommodante d'ailleurs sur le fond des doctrines. Ce fut surtout ce dernier fait qui alors préoccupa M. Lamennais. Les enseignements de l'*Encyclopédie* avaient porté leurs fruits : en combattant la superstition, les philosophes avaient détruit toute croyance ; pour terrasser le clergé, ils avaient attaqué la religion elle-même, et non contents d'abolir le culte, ils voulaient anéantir la doctrine. La révolution française poussa si loin l'œuvre de la destruction, que chacun comprit bientôt la nécessité d'une sanction religieuse ; et la fête de l'Être-Suprême ne fut un essai malheureux que parce qu'elle n'accordait rien aux traditions du passé. Mais elle témoignait du moins chez des esprits supérieurs le besoin de s'appuyer sur une croyance commune pour justifier le droit et sanctifier l'autorité. Lorsque Napoléon reconstitua l'Église et le

(1) *Troisièmes Mélanges*. Préface, p. VI.
(2) 1817-1820.

clergé, ce ne fut que comme un moyen auxiliaire d'administration : les évêques devenaient pour lui autant de nouveaux capitaines qui lui assuraient des victoires à l'intérieur ; c'étaient d'ailleurs pour ce corrupteur des moyens de corruption de plus. Mais si ces pasteurs rappelés au bercail eussent voulu prêcher les véritables doctrines du Christ, s'ils eussent proclamé le dogme évangélique de l'égalité, on eût bientôt appris que l'homme qui avait rouvert les temples était moins chrétien que ceux qui les avaient fermés. La restauration, dans sa dévotion impie, s'imagina ranimer la foi en réveillant les superstitions qui l'avaient compromise, et le doute revint plus puissant que jamais chez un peuple railleur qu'on voulait tromper par de vaines formules. Les prélats crurent la religion triomphante parce que leur puissance personnelle était revenue ; les peuples payaient la prière, pourvu qu'on ne les obligeât pas d'y prendre part, et les rois, retirés au fond de leur oratoire, essayaient en vain de faire partager leurs convictions aux courtisans, condamnés, par leur position et leur incrédulité, à une détestable hypocrisie.

Cette dissolution générale de toute croyance épouvanta M. Lamennais, et ce fut alors qu'il écrivit ces belles pages qui servent d'introduction à l'*Essai sur l'indifférence :*

« Le siècle le plus malade n'est pas celui qui se passionne « pour l'erreur, mais celui qui néglige, qui dédaigne la vérité. « Il y a encore de la force et par conséquent de l'espoir là où l'on « aperçoit de violents transports ; mais lorsque tout mouvement « est éteint, lorsque le pouls a cessé de battre, que le froid a ga- « gné le cœur, qu'attendre alors, qu'une prochaine et inévitable « dissolution ?.... Qui soufflera sur ces ossements arides pour les « ranimer ? Le bien, le mal, l'arbre qui donne la vie et celui qui « produit la mort, nourris par le même sol, croissent au milieu « des peuples, qui, sans lever la tête, passent, étendent la main « et saisissent leurs fruits au hasard. Religion, morale, honneur, « devoir, les principes les plus sacrés, comme les plus nobles « sentiments, ne sont plus qu'une espèce de rêves, de brillants

« et légers fantômes qui se jouent un moment dans le lointain « de la pensée, pour disparaître bientôt sans retour. Non, ja- « mais rien de semblable ne s'était vu, n'aurait pu même s'ima- « giner. Il a fallu de longs et persévérants efforts, une lutte « infatigable de l'homme contre sa conscience et sa raison, pour « parvenir enfin à cette brutale insouciance..... Contemplant « avec un égal dégoût la vérité et l'erreur, il affecte de croire « qu'on ne les saurait discerner, afin de les confondre dans un « commun mépris : dernier degré de dépravation intellectuelle « où il lui soit donné d'arriver : *Impius cùm in profundum ve- « nerit, contemnit.* »

M. Lamennais le proclame donc tout d'abord : il se présente avec passion, mais avec la passion de la vérité.

Où cependant doit se trouver la vérité? Profondément imbu des maximes de la doctrine chrétienne, M. Lamennais demeura convaincu que cette doctrine, après avoir fait la gloire du passé, devait aussi, en se développant, accomplir toutes les espérances de l'avenir.

Toutefois, à un siècle raisonneur, il fallait des preuves; et pour prouver la vérité du christianisme, il fallait remonter aux sources de la vérité. C'est alors que M. Lamennais se place sur le terrain de la philosophie, et de sa dialectique vigoureuse jaillit un principe nouveau, qui fut pour les écoles une révolution tout entière. D'un souffle il renverse tous les principes existants. Aristote et Descartes, Rousseau et Malebranche sont également immolés. Le dix-huitième siècle avait combattu pour faire triompher la conscience et la raison individuelle; M. Lamennais foudroie le dix-huitième siècle au nom de la raison universelle et de la conscience du genre humain. La vérité, selon lui, est dans le consentement commun; l'autorité, dans la voix de tous. Peut-être bien qu'alors il ne pressentait pas les conséquences pratiques de cette belle théorie. Mais laissez agir les puissances de sa logique, et vous le verrez conduit forcément au suffrage universel. Dès ce temps, en effet, il s'était placé dans la science sur le même terrain où il se trouve aujourd'hui dans la politique; et celui qui avait pris pour épigraphe d'un livre religieux et philosophique: *Vox populi, vox Dei*, avait le droit assurément de proclamer plus tard la souveraineté du peuple, sans pouvoir être accusé d'inconstance.

Mais aux jours où parut *l'Essai sur l'indifférence*, la société était envahie par le libéralisme, système bâtard né du protestantisme et de l'Encyclopédie, professant l'individualisme en morale, l'antagonisme en politique, l'indifférence et le laissez-faire en religion et en économie sociale, théorie du doute et de la négation, livrant l'activité humaine au hasard des circonstances et à l'aveuglement de la routine. Le libéralisme était donc ce qu'il y avait de plus hostile aux principes de M. Lamennais : en lui se personnifiait le monstre social que venait combattre l'apôtre. Faut-il donc s'étonner que M. Lamennais n'ait vu dans le libéralisme qu'une faction anarchique, et devons-nous lui faire un crime d'avoir deviné avant nous les basses ambitions qui se cachaient dans le vide de ces doctrines? En remontant vers ce passé, le ministère public a cru mettre l'illustre écrivain en contradiction avec lui-même, et nous cependant, pour démontrer l'unité invariable de sa pensée, nous ne voulons citer que les passages rappelés par son accusateur :

« Je ne m'étonne pas que des gens pour qui *Dieu n'est qu'un* « *mot* aspirent à de nouveaux bouleversements : tant d'autres « avant eux ont trouvé des trésors sous des ruines! La voie est « ouverte, ils y marchent, quelques-uns poussés par des sou- « venirs, tous attirés par des espérances. Et de quoi s'agit-il « en effet? De tout ce qui peut irriter les désirs des passions; « il s'agit de savoir qui régnera, qui possédera le pouvoir, les « dignités, les charges, le sol même; et nous le savons : voilà « ce que convoitent les factieux. La révolution mourante leur « légua la France; l'Europe a cassé le testament; ils combat- « tent pour se mettre en possession de l'héritage qu'on a l'in- « justice de leur disputer.

« Encore une fois, je ne vois rien d'extraordinaire en cela:

« le crime, tel qu'on le connaissait, suffit pour l'expliquer. « Mais ce qui nous semble inouï dans l'histoire des peuples les « plus dégradés, ce qui indique un degré de perversité intel- « lectuelle dont on n'avait encore nulle idée, c'est le concert de « tout un parti et sa hardiesse dans le mensonge. Jamais on ne « combina l'imposture avec plus de profondeur et moins de « remords, jamais on ne la proféra solennellement avec plus « d'audace. Dans les journaux et les pamphlets, dans les « chambres, est-il un fait que la faction ne dénature selon ses « intérêts? Que n'invente-t-elle pas tous les jours? calomnies, « récits controuvés, rien ne lui coûte. On la dément, elle insulte « et répète ses assertions. Si elle attaque, elle soutient que « c'est elle qui est attaquée. Prise en flagrant délit de conspira- « tion et de révolte, à l'instant même elle crie qu'on l'opprime, « qu'il n'y a plus de liberté, de sûreté pour les défenseurs du « peuple. En 93, au moins, les bourreaux ne se plaignaient pas « d'être victimes; le crime parlait son langage, mais il parlait « sans déguisement : on s'entendait dans la Convention. En « enfer même, on sait ce qui est vrai et ce qui est faux; on ne « nie pas la vérité, on la brave. Mais ce n'est pas assez pour les « êtres pervers que la révolution nous a faits. Ils ont créé dans « l'enfer un autre enfer plus profond, plus ténébreux, où au- « cune vérité ne pénètre. La parole n'éclaire plus, elle obscur- « cit; elle *parcourt la terre*, disant au mal : tu es le bien, et au « bien : tu es le mal. Les peuples écoutent, ils hésitent, et la « conscience publique, affaiblie, ploie sous le poids de l'impos- « ture.

« Si ce genre de dépravation se propageait, si l'on ôtait au « discours, avec sa conscience, le caractère de témoignage, il « n'y aurait plus de société possible. Nulle certitude, nulle foi, « mais un doute universel qui serait impénétrable, et tout es- « prit un mystère, un abîme pour tout autre esprit. Une nuit « épaisse envelopperait de tous côtés l'intelligence, et, « comme la parole de vérité a créé le monde, la parole de men- « songe le détruirait. »

Rappelons encore, avec M. Partarrieu-Lafosse, le passage suivant :

« Il existait des doctrines conservées par la tradition, développées par le temps, et qui étaient tout ensemble, et le fond de la raison humaine, et la base de la société. Que sont-elles devenues? Qu'a-t-on mis à la place? Où sont les vérités qu'on y a substituées? Qu'y a-t-il maintenant de certain? Que croit-on, que sait-on sur ce qui intéresse le plus l'humanité? Convient-on seulement d'un principe d'où la raison, dépossédée de ses antiques domaines, puisse partir pour tenter de nouvelles conquêtes? Non, tout est nié, tout est renversé, et c'est sur ces ruines mêmes que l'orgueil proclame la prééminence d'un siècle qui ne léguera que des doutes à ceux qui le suivront.

« Demandez-lui s'il y a un Dieu, un ordre moral, une autre vie après cette vie, une vraie religion, des devoirs, des vertus; ou il le nie, ou il répond : Je ne sais pas. Certes il y a de quoi être fier d'ignorer ces choses; et je conçois que les hommes de ce temps prennent leurs pères en pitié. Ceux-ci croyaient ingénument à la grandeur de leur nature; ils pensaient être *faits à l'image de Dieu*, et leur foi comme leur espérance s'étendait sans fin dans l'éternité. Grâces aux *lumières* nouvelles, on s'est désabusé de ces rêveries; on a eu la joie de reconnaître que cette prétendue grandeur n'était qu'une folle présomption; que cet être immortel, semblable aux animaux, n'était comme eux qu'un peu de boue animée par la chaleur, et comme eux avait droit d'aspirer au néant. Rien n'a paru plus pressé, plus important, que de lui assurer cette haute destinée. Des hommes ont été vus travaillant sans relâche à effacer les titres de sa noble origine. Ils ont jeté sur l'espérance même le voile de leur fausse science. L'univers à leurs yeux est devenu l'éternel empire de la mort. Ils ont regardé dans le tombeau, et ils ont dit qu'au delà il n'y avait rien.

« Jusqu'ici je ne vois pas clairement ce qui justifie l'orgueil du siècle, en ce qui tient à la perfection de l'ordre social. S'a-

« git-il des doctrines ? Est-ce par ses lumières en ce genre qu'il « se croit supérieur aux siècles précédents? Alors qu'il nous « dise quelles sont les vérités qu'il a découvertes. Il a rejeté « les maximes anciennes; en a-t-il d'autres à leur substituer? « Je ne parle pas des vagues opinions, des inconstantes idées « de chaque individu; je demande qu'on m'indique la doctrine « du *siècle*. Qu'est-ce que le pouvoir? Le sait-il? Sait-il ce que « c'est que la loi, ce que c'est qu'un droit, ce que c'est qu'un « devoir, ce que c'est que la propriété? Ne fera-t-on qu'une ré- « ponse à ces questions? Est-on d'accord sur ce qui constitue « un gouvernement légitime, sur les lois fondamentales, sur les « principes d'administration, sur quelque chose enfin? Non, « tout est en question, tout est en doute, jusqu'à la souverai- « neté.

« S'agit-il des œuvres? Je vois ce qu'on a détruit, qu'on me « montre ce qu'on a fondé. Qu'ont produit ces innombrables « tentatives pour reconstruire l'édifice social? Que reste-t-il « de tant de vains essais? Tout devait être éternel, et rien n'a « eu de lendemain.

« Encore une fois, qu'est-ce qu'on a fondé? Quels monuments « publics, quelles institutions bénies du pauvre attestent le soin « de la postérité et l'amour de l'homme pour l'homme? Qu'o- « sera-t-on comparer à la multitude presque infinie d'établisse- « ments consacrés par nos pères au soulagement des malheureux? « Qu'a-t-on fait pour l'infortune? Elle avait autrefois des asiles, « aujourd'hui elle a des prisons.

« Enfants déshérités qui n'avez rien recueilli de la grande « succession des siècles et ne laisserez rien à vos descendants, « soyez moins fiers de votre indigence, jamais il n'en existera « de plus profonde ni de plus hideuse. Qu'avez-vous en propre « que votre folie, votre ignorance, vos doutes, et des crimes dont « le récit épouvantera l'avenir? Vous vantez cependant l'amélio- « ration des mœurs; et les cachots regorgent de coupables, et « vos vertus fatiguent le bourreau.

« Après avoir parlé du *progrès des lumières*, je voulais parler « aussi des progrès du bonheur. J'ai vu le monde en feu, les

« trônes qui s'écroulent, les états bouleversés jusque dans « leurs fondements, l'Europe couverte de ruines, l'Amérique « inondée de sang : je me suis tû. »

Voilà ce qu'écrivait M. Lamennais avant 1830. Qu'a-t-il écrit depuis qui ne fût d'accord avec ces éloquentes paroles? Par la révolution de 1830, le libéralisme était triomphant. L'ennemi qu'il avait combattu se présentait à lui le pouvoir en main, appuyé fièrement sur le trône qu'il avait élevé, et repoussant du pied le peuple qui avait gagné ses batailles. Tout chargé du butin des fonctions officielles, spéculant sur les abus qu'il avait attaqués, il justifie dès l'abord les prédictions de M. Lamennais, lorsqu'il s'écriait: « De quoi s'agit-il en effet? De savoir qui « régnera, qui possédera le pouvoir, les dignités, les charges, « le sol même; et nous le savons! »

Qu'y avait-il donc de changé? Le même système, les mêmes hommes se trouvaient en face de lui: seulement, le système était victorieux, les hommes étaient au pouvoir. Chez beaucoup d'autres ce fut une raison pour déposer les armes; chez M. Lamennais ce fut une raison pour jeter le fourreau; et tandis que tout se métamorphosait autour de lui, il restait toujours le même. Avant 1830, le libéralisme avait été attaqué par le parquet, condamné par la magistrature. Après 1830, le libéralisme, absous par la victoire, fut protégé par le même parquet et la même magistrature. M. Lamennais, lui, n'accepte pas la justification du succès: il attaque le libéralisme vainqueur avec plus d'énergie qu'il n'avait combattu le libéralisme persécuté. De quel côté sont les variations?

Quant à nous, faibles auxiliaires de cet illustre combattant, si nous condamnions ses paroles d'autrefois, il faudrait désavouer nos paroles d'aujourd'hui. Car en signalant les vices de l'école libérale, nous ne faisons que répéter ce qu'il a dit quinze ans avant nous : il a prédit ce qui se voit aujourd'hui; et la démocratie a reconnu depuis la vérité de ses prédictions.

Mais à la révolution de juillet, le parti démocratique s'ignorait encore lui-même, et, comme il n'y avait rien à espérer du libéralisme, de nobles illusions ramenèrent M. Lamennais vers une institution qui, pendant un grand nombre de siècles, avait lutté contre le despotisme, et servi la cause de l'humanité. Le clergé catholique avait accompli une si haute mission que M. Lamennais crut facile de le ramener à l'intelligence de ses devoirs. Il le crut d'autant mieux, qu'il ne demandait, pour assurer l'avenir de la société, que l'accomplissement fidèle des maximes évangéliques, et que son seul argument était de rappeler les leçons du Christ : « Il plaça le pauvre en face du « riche, le faible en présence du fort, et il demanda : Quel est « le plus grand? Et le plus grand, ce ne fut ni le fort à cause « de sa force, ni le faible à cause de sa faiblesse, ni le riche à « cause de son opulence, ni le pauvre à cause de son dénu- « ment, mais celui qui accomplirait plus parfaitement le sou- « verain précepte d'aimer Dieu et les hommes. Les droits les « plus sacrés, parce qu'ils n'avaient d'autre défense qu'eux- « mêmes, furent les droits de ceux à qui jusque-là on n'avait « reconnu aucuns droits : les devoirs les plus étendus furent « les devoirs de ceux qui s'étaient crus au-dessus de tout de- « voir. Le titre de serviteur devint la définition même du pou- « voir. On dut se faire le dernier pour être le premier. Le « vieux monde sentit qu'il croulait. Un monde nouveau naquit où « affluèrent, comme en un refuge inespéré, toutes les souffran- « ces, toutes les misères sociales, tout ce qui avait faim et soif « de la justice; et c'est ainsi que se dilata si promptement « l'Église primitive, centre d'amour autour duquel se reconstitua « l'humanité. Pourquoi donc, après dix-huit siècles, se déta- « chait-on de cette Église, si ce n'est parce que, au moins en « apparence, elle s'était elle-même pratiquement détachée des « maximes où elle avait puisé à l'origine une vie si puissante? « Et dès lors, quel moyen pour elle de redevenir ce qu'elle fut « en ses commencements, de recouvrer, avec la confiance des « masses populaires, son influence sur elles, que de se retrem- « per à sa source, d'identifier ses intérêts, si tant est qu'elle

« en eut de propres, aux intérêts de la race humaine, de venir
« en secours à ses besoins, de l'aider à développer sous toutes
« ses faces, et dans toutes ses conséquences actuellement ap-
« plicables, le principe chrétien de l'égalité de droit, dont la
« réalisation constitue l'ordre, sans lequel nulle liberté, et la
« liberté sans laquelle nul ordre (1) ? »

Il y avait au fond des illusions de M. Lamennais une pensée grande et hardie : c'était la réconciliation du peuple avec l'Église. L'un devait apporter dans cette alliance toute la vigueur de sa constante jeunesse et les développements de son avenir, l'autre toutes les magnificences de ses traditions et la sanction d'un vieux règne. C'est sous l'inspiration de cette belle conception que se fonda *l'Avenir*. L'épigraphe du journal : *Dieu et la liberté*, rapprochait les deux puissances qu'on avait imprudemment opposées l'une à l'autre. Le génie de l'homme n'était déshérité d'aucune de ses conquêtes, et l'Église était invitée à partager les fruits des victoires obtenues contre elle.

Mais l'Église n'avait plus l'intelligence de Dieu ni des hommes. Si quelques jeunes lévites saluèrent avec enthousiasme cette ère nouvelle du christianisme, les hauts dignitaires du clergé accueillirent d'un silence dédaigneux ce pacte avec le démon du siècle. Plus que tout autre, peut-être, le pape fut effrayé du secours redoutable que le Ciel lui envoyait. Il fallait un Hildebrand pour comprendre la démocratie en soutane; mais Hildebrand était à Paris, et Rome se taisait. N'osant ni blâmer ni applaudir, le Vatican contemplait avec une sombre méfiance ces ardents néophytes qui l'appelaient à une puissance nouvelle. Les rédacteurs de *l'Avenir* résolurent de faire parler le pontife muet, et de le contraindre à dire s'il était le serviteur de Dieu ou l'esclave de César. Ils avaient d'ailleurs à confondre de basses intrigues, à combattre face à face de ténébreuses calomnies qui s'abritaient derrière le trône de saint Pierre. On vit alors M. Lamennais déposer la plume pour pren-

(1) *Affaires de Rome.*

dre le bâton de pèlerin : glorieux missionnaire de l'humanité, il s'en alla frapper aux portes du conclave, offrant à la papauté la paix au nom des peuples; et les portes du conclave demeurèrent fermées, et la papauté se barricada contre la paix. Dès lors il fut convaincu de son impuissance à sauver une institution qui se méconnaissait elle-même : la vieille Église était marquée au front par le doigt de Dieu; et M. Lamennais, à son retour, put s'écrier, en renonçant à sa dernière illusion : « Rome n'est plus dans Rome. »

Ce sacrifice dut lui coûter d'autant plus, que l'Église avait été l'objet de ses plus chères affections, le rêve de ses plus tendres espérances. Non-seulement il lui fallait renoncer à ses vénérations passées, il devait encore subir l'abandon des amitiés qui l'avaient jusque-là soutenue dans sa lutte. Ses collaborateurs de *l'Avenir* n'osèrent plus le suivre, soit qu'ils fussent effrayés des inébranlables conséquences de sa logique, soit qu'ils eussent moins que lui la véritable intelligence des choses.

Le chef de l'Eglise n'était pas le seul à reculer devant le beau rôle auquel l'invitait M. Lamennais. Le peuple du clergé avait reçu des leçons non moins imposantes, sans les comprendre davantage. Fonctionnaires salariés de l'Etat, les prêtres étaient sous la dépendance du chef de l'Etat; nourris du budget, ils devaient courber la tête devant celui qui leur jetait cette pâture; payés pour prier et pour instruire, leurs prières et leurs instructions étaient formulées par celui qui payait. La loi divine s'élaborait au ministère des finances, et la parole évangélique s'inspirait au bureau du percepteur. Les ministres des autels n'étaient plus que les mandataires du prince, l'Eglise une succursale de la préfecture. Dès lors il n'y avait ni liberté dans la croyance, ni vérité dans la foi. M. Lamennais projeta d'arracher l'Eglise à ce honteux vasselage; le moyen était simple et digne des beaux temps religieux : c'était la répudiation de l'aumône officielle qui faisait du prêtre un serviteur à gages.

« Nulle liberté possible pour l'Eglise qu'à cette condidion... « Le morceau de pain qu'on jette au clergé sera le titre de son « oppression : libre par la loi, il sera, quoi qu'il fasse, esclave « par le traitement. Il est temps, grand temps que le prêtre « rentre dans son indépendance et sa dignité : nul avantage ne « saurait jamais en compenser la perte. Il faut qu'il vive, cela « est vrai; mais, avant tout, il faut que l'Eglise vive, et sa vie « est attachée au sacrifice qui lui rendra la liberté... »—

« Et qu'on ne s'effraye pas des inconvénients que la suppres- « sion du salaire semble, au premier coup d'œil, pouvoir entraî- « ner. Fussent-ils réels, il faudrait encore s'y résigner sans hé- « sitation, puisque le salut de l'Eglise dépend de sa séparation « d'avec l'Etat. Mais ils seront de fait bien moins graves qu'on « ne peut le craindre..... De toutes les populations catholiques « d'Europe, la plus indigente est celle d'Irlande, et nulle part « la religion n'est plus solidement dotée, car c'est le pauvre « qui la dote.

« Ministres de celui qui naquit dans une crèche et mourut « sur une croix, remontez à votre origine, retrempez-vous vo- « lontairement dans la pauvreté, dans la souffrance, et la parole « du Dieu souffrant et pauvre reprendra sur vos lèvres son ef- « ficacité première. Sans aucun autre appui que cette divine « parole, descendez, comme les douze pêcheurs, au milieu des « peuples, et recommencez la conquête du monde (1). »

Il était difficile sans doute de se montrer plus fièrement régénérateur ; mais c'était trop présumer d'une institution caduque qui n'avait plus depuis longtemps le sentiment de sa mission. L'Eglise, affaissée, ne retrouva un instant la voix que pour déclamer contre le défenseur incommode qui troublait le repos de sa servitude; puis, retombant dans son engourdissement, elle osa dissimuler sa honte sous le voile de la reconnaissance, et déifier le pouvoir qui l'opprimait :

Deus nobis hæc otia fecit.

(1) *L'Avenir*, 18 octobre 1830.

M. Lamennais dut encore dire adieu à une espérance; et désormais averti par tant d'épreuves, il se sépara du passé. Il y avait néanmoins quelque chose de touchant à voir ce noble athlète s'en allant successivement vers toutes les vieilles gloires, les supplier de ne point se laisser périr, étayant de son bras robuste ces antiques monuments, et ne les abandonnant à leur dissolution qu'au moment où ils menaçaient d'écraser sous leurs décombres les jeunes générations. Mais en vain l'on veut dérober à la ruine les institutions qui ont fait leur temps. Le génie même y échoue : heureux lorsqu'il ne porte pas la peine de sa témérité! Depuis des siècles, Atlas repose sous les débris du ciel olympien.

Pour M. Lamennais, les jours des vaines tentatives étaient passés. Toujours dévoué à la même idée, toujours il avait vu se briser dans ses mains les fragiles instruments avec lesquels il voulait remuer le monde. Ce fut alors qu'il entra plus activement dans le domaine de la politique. Sa doctrine philosophique était fondée sur l'autorité de tous, sa doctrine religieuse sur l'amour mutuel: la réalisation de sa doctrine philosophique était donc le suffrage universel, de sa doctrine religieuse, l'égalité; et la forme politique de cette réalisation, la démocratie.

Qu'on ne l'oublie point : M. Lamennais n'avait invoqué les anciens pouvoirs qu'au nom du peuple; il ne leur avait proposé une alliance qu'au nom du peuple : il ne les abandonna que lorsqu'ils abandonnaient le peuple. Il ne faisait donc que continuer son œuvre lorsqu'il se présentait au peuple tout seul, mais seul avec son génie, et qu'il lui disait : « J'ai voulu amener à toi les grands de la terre, et les grands de la terre ne l'ont pas voulu; j'ai voulu amener à toi les pontifes du Très-Haut, et les pontifes du Très-Haut ne l'ont pas voulu; mais je t'apporte la parole qui vivifie, et la vérité qui donne la victoire. Désormais je suis ton prophète. »

La première hymne d'alliance du prophète avec le peuple fut une magnifique épopée : il se rappelait sans doute que les Romains confondaient dans un même nom le prophète et le poëte : *Vates*.

Les *Paroles d'un Croyant* firent tressaillir le monde d'effroi ou d'enthousiasme. Et en effet, c'était un livre de larmes et de consolations, de douleur et d'espérance, d'amertume et de suavité, tout plein des tendresses de Jérémie et des sévérités d'Ezéchiel. L'Eglise comprit alors tout ce qu'elle avait perdu ; et, désespérant de vaincre, elle essaya de flétrir. Ce fut en ces jours surtout que retentirent les accusations d'apostasie, et dans sa profonde inintelligence de celui dont elle avait repoussé l'appui, elle lui reprochait follement la position qu'elle lui avait faite. Aux emportements du saint Siége, il répondit par un écrit plein de douceur et de mélancolie, intitulé : *Affaires de Rome.* Récit naïf de ses illusions sur le clergé, de son appel au souverain pontife et de ses amères déceptions, ce livre est la condamnation irrévocable de la vieille Eglise ; et, cependant, il ne s'y trouve pas un mot accusateur, pas une expression de colère. Les faits parlent si haut, qu'il semble craindre d'y rien ajouter, de peur que la vérité ne perdît de sa force en perdant de sa simplicité. Il est difficile assurément de rencontrer dans notre littérature des pages plus pures et plus touchantes que celles où il raconte le triste évanouissement de ses espérances. On dirait une confession publique, où l'illustre pénitent, dévoilant ses honorables erreurs, s'attache à dépouiller ses paroles de toute passion, pour ne leur laisser que l'harmonie des formes évangéliques.

Le Livre du Peuple est la prédication formelle de la souveraineté du peuple ; *l'Esclavage moderne,* une éloquente protestation contre la violation de cette souveraineté.

Il y a loin sans doute, au moins en apparence, de ces derniers écrits au premier volume de l'*Essai sur l'indifférence.* Mais, en 1817, M. Lamennais attaquait le scepticisme d'un siècle négatif ; en 1835, il accueillait avec joie la croyance nouvelle, le dogme de l'égalité émané du christianisme, et devant en être le magnifique développement. A ceux qui ne comprennent ni la marche de ses idées, ni la constante bonne foi de leurs modifications extérieures, il répond par ces paroles :

« La vérité croît, s'élargit sans cesse, parce qu'en elle-même « elle est infinie. Elle sort, telle qu'un fleuve divin, de son éternel « principe, arrose et féconde l'univers jusqu'en ses profondeurs « les plus reculées, portant sur ses célestes ondes les intelli- « gences qui s'abreuvent d'elle, et, dans son invariable cours « que rien n'arrête, que rien ne retarde, les élevant peu à peu « vers la source d'où elle est partie. Et puisqu'elle est infinie, « nul, quel qu'il soit, à quelque point du temps qu'il lui ait été « donné d'être, ne saurait se flatter de la posséder complétement. « Entre elle et lui quelle proportion, quelle mesure commune? « Coquille imperceptible qui, sur le rivage, se dirait : J'ai en « moi l'Océan. Point d'état donc plus déraisonnable que de « rester immobile dans les mêmes idées, quand elles ne sont « pas de celles qui forment en quelque manière le lit sur lequel « coule perpétuellement la vérité progressive. Car cet état im- « plique ou la persuasion que l'on sait tout, que l'on a tout vu, « tout conçu, ou la volonté de ne pas voir plus, de ne pas con- « cevoir mieux ; et lorsqu'en outre on prétend faire de cette « idée quelconque à laquelle on s'est cramponné en passant, « comme à une pointe de rocher pendante sur le fleuve, la sta- « tion dernière de l'humanité, aucune langue ne fournit de mot « pour exprimer un pareil excès d'extravagance.

« Solon disait : Je vieillis en apprenant toujours. Cet avan- « cement dans la connaissance, cette continuelle évolution de « l'intelligence dans le vrai, est une des premières lois des êtres « créés. Mais toute connaissance, toute idée nouvelle, ne se sur- « ajoute pas seulement aux idées et aux connaissances acquises « déjà ; elle les modifie encore en se combinant avec elles ; de « sorte qu'indépendamment des erreurs qui lui appartiennent « en propre, qui dérivent immédiatement de sa faiblesse intrin- « sèque et native, l'esprit ne peut croître en lumières, étendre « sa vue, découvrir au delà, sans trouver quelque chose à re- « dresser dans ses pensées et ses jugements antérieurs. Ceux « mêmes qui annoncent hautement la prétention d'être invaria- « bles en ce sens, qui disent : Pour moi, je n'ai jamais changé, « mes opinions sont ce qu'elles étaient il y a dix ans, il y a trente

« ans, ceux-là s'abusent ; ils ont trop de foi en leur imbécillité. « L'idiotisme humain, même soigné, cultivé sans relâche, avec « un infatigable amour, ne va pas jusque-là, ne saurait attein- « dre à cette perfection idéale, et il n'est personne qui, le vou- « lant ou non, ne subisse à quelque degré l'influence du progrès « commun. Malgré soi, l'on s'éclaire ; malgré soi, l'on marche ; « la foule vous emporte, et la sotte vanité, qui à chaque pas « conteste ce mouvement, traînée à reculons, voit peu à peu « fuir dans le lointain ses convictions inébranlables. »

Jusqu'ici, dans cette rapide esquisse, nous ne nous sommes pas arrêté sur les détails biographiques qui se rapportent aux premières années de notre illustre écrivain. C'est que chez de pareils hommes toute la biographie est dans la vie intellectuelle. Et pourtant l'enfance de M. Lamennais, étrange et mystérieuse, fut pleine de ces orages qui passent inaperçus parce qu'ils grondent dans une sphère étroite, mais qui laissent dans de jeunes cœurs de profondes impressions.

Né à Saint-Malo, d'une ancienne famille d'armateurs, Félicité Lamennais avait à peine six ans lorsqu'il perdit sa mère ; et les affections douces manquèrent à ce cœur aimant, au moment où elles agissent si puissamment pour tempérer les ardeurs d'un esprit qui commence à se connaître. Livré aux soins d'une vieille gouvernante, puis des maîtres d'école, il dut de bonne heure apprendre à résister à des volontés inintelligentes. Les voies ordinaires de l'éducation n'étaient pas faites pour lui ; aussi dès qu'on l'eut abandonné à lui-même, cet esprit se développa promptement dans des études solitaires, et au bout de peu d'années, le jeune Félicité possédait à fond toute la littérature grecque et latine, sans qu'on pût dire d'où lui venaient ces rapides connaissances.

Une circonstance heureuse pour lui fut sa retraite à la campagne auprès d'un de ses oncles. Celui-ci possédait une vaste bibliothèque qui devint bientôt la seule retraite de l'écolier, désormais docile, qui fouillait avec avidité les trésors inépuisables de la science. On s'effraye à voir un enfant interroger, dans les profondeurs d'une solitude ininterrompue, tous les génies des temps anciens et modernes, engager avec eux ces terribles luttes de l'intelligence pressée de savoir. De pareils essais sont dangereux même pour l'homme mûr; car ils jettent dans la folie, quand ils ne conduisent pas au génie. Mais le jeune Lamennais était soutenu par cette ténacité celtique, qui, lorsqu'elle est bien dirigée, centuple les forces de la logique et l'ardeur de la conviction.

Déjà au milieu de cette rude mêlée, un choix intelligent le dirigeait de préférence vers les écrivains chrétiens; à l'âge de douze ans, il lisait avec délices *la Recherche de la vérité* de Malebranche, et *la Diplomatique* de Mabillon.

Souvent aussi les sauvages harmonies de son pays natal durent inspirer à cet enfant mystérieux de grandes pensées et de profondes mélancolies. Sans doute que sur ce rivage fertile en tempêtes, son âme s'exaltait aux magnifiques déchirements de la nature, et déjà peut-être, en contemplant l'immensité des mers, qui se développaient à l'horizon, le jeune Breton sentait naître en lui de vagues inspirations vers l'infini.

Ainsi s'écoulait cette enfance virile, en tout semblable à la vie qui devait suivre. Car, ainsi que son enfance, la vie de M. Lamennais a été une solitude orageuse. Plus d'une fois cependant les grandeurs sont venues lui apporter leurs tentations; plus d'une fois la pourpre du cardinalat a été offerte à ce vigoureux lutteur. En dépit de ses paroles hautaines, l'Église aurait tressailli de joie en voyant M. Lamennais l'honorer de sa présence, et donner en les acceptant un nouveau lustre à ses dignités. Mais M. Lamennais n'a voulu pour toute récompense que les joies de bien faire.

Les journaux ont raconté les récents triomphes de sa condamnation. Qu'il nous soit permis d'ajouter à ce sujet une anecdote touchante.

Sur les côtes naufrageuses de la Bretagne, les villes maritimes reçoivent souvent des victimes à consoler; et il semble que l'hospitalité des habitants veuille se proportionner au danger des rivages. Or, il y a cinquante ans qu'un jeune homme, fuyant les troubles politiques, fut jeté par la tempête sur les côtes de Saint-Brieuc. Épuisé par les fatigues d'une navigation pénible, malade et dénué, il se fit transporter à l'hôpital de Saint-Malo. Là, dans son isolement, il se trouva heureux de recevoir les consolations d'un pauvre nécessiteux, dont le lit était contigu au sien, et dont les naïfs épanchements l'arrachaient aux tristesses de son douloureux asile. Mais ce qui tenait le plus de place dans la conversation du pauvre, c'était le récit continuel des œuvres charitables de la famille Lamennais, qu'il appelait la providence du pays. L'inconnu résolut de s'adresser à cette providence. A peine convalescent, il se transporte péniblement à la demeure qu'on lui avait indiquée, et s'y présente sans autre recommandation que les paroles du pauvre. La famille Lamennais était à table : aussitôt on fait prendre place à l'étranger, et bientôt les soins empressés de la vieille hospitalité celtique lui eurent fait oublier et ses souffrances et son naufrage. Trois mois après, il quittait cette maison patriarcale, sans que jamais depuis ses hôtes entendissent parler de lui. Mais voici que le lendemain de la condamnation de M. Lamennais, un vieillard se présente à lui, et après l'avoir embrassé avec larmes : « J'ai contracté, lui dit-il, envers votre père une dette bien vieille. Je ne prétends pas l'acquitter : car la reconnaissance est une dette qui ne s'éteint jamais. Mais accordez-moi comme souvenir, de partager votre condamnation, en prenant sur moi le châtiment fiscal. » C'était l'ancien naufragé qui apportait à l'illustre condamné le montant de son amende. Sans doute, en ce jour, M. Lamennais dut bénir les juges dont la rigueur lui valait de si nobles souvenirs.

Au surplus, de moins anciennes amitiés ne lui firent pas défaut : vingt-quatre heures après l'arrêt de la Cour, une souscription non concertée s'élevait déjà à onze mille francs. M. Lamennais a refusé toutes ces offrandes, ne voulant acquitter qu'avec les produits de la plume les condamnations de la plume.

Après avoir donné au pays et au gouvernement un avertissement solennel, qui ne sera pas perdu, M. Lamennais a livré au public les trois premiers volumes de *l'Esquisse d'une philo-*

sophie, sublime couronnement de ses vastes travaux. Ce n'est pas ici le lieu d'examiner en détail les mérites d'un ouvrage qui appartient encore au domaine de la critique. Mais il nous semble destiné à opérer une révolution immense dans la science philosophique et dans les idées religieuses. Socrate fut le précurseur du christianisme ; M. Lamennais sera appelé le précurseur de la religion nouvelle, qui doit être le développement du christianisme ; et pour que rien ne manque à cette grande analogie, le Socrate moderne expie en prison ses attaques contre les faux dieux. Mais plus juste qu'Athènes, la France tout entière a protesté contre les accusations d'Anytus.

Elias Regnault.

PAGNERRE, ÉDITEUR, RUE DE SEINE, 14 BIS.

ESQUISSE

D'UNE

PHILOSOPHIE

PAR

M. F. LAMENNAIS

3 FORTS VOLUMES IN-8°

IMPRIMÉS EN CARACTÈRES NEUFS SUR TRÈS-BEAU PAPIER.

Prix : 22 fr. 50.

PROSPECTUS.

Les essais de philosophie que M. Lamennais vient de mettre au jour sont l'expression la plus élevée de sa pensée, et le résultat des méditations de toute sa vie. La doctrine qui y est exposée couronne et rassemble, dans une magnifique unité, les moments divers d'une existence toute dévouée à la discussion des grands problèmes de l'origine et de la fin des choses.

Ce livre sera une des plus glorieuses entreprises de notre siècle. Au nom d'un principe qui a tout l'éclat de la nouveauté et toute la force des traditions universelles du genre humain, il rend compte de la loi qui gouverne l'incréé aussi bien que le créé. Dans un ordre déterminé par cette loi même, il nous fait descendre et remonter l'échelle entière des êtres, définissant leur vie particulière au sein de la vie générale, et groupant d'une manière nouvelle toutes les sciences consacrées à leur explication. Sous ce rapport, le système de M. Lamennais constitue une véritable encyclopédie, non pas des connaissances classées seulement dans un ordre méthodique, mais des réalités elles-mêmes.

Il y a longtemps que la France n'a rien enfanté d'aussi grand et d'aussi complet. Encore une fois elle peut se vanter d'avoir produit un système qui, pour l'étendue et la solidité, donne une digne suite aux œuvres de l'antiquité et auquel devront, de près ou de loin, se rattacher toutes les conceptions modernes.

En s'élevant aux formes les plus sévères de l'abstraction, le style de M. Lamennais n'a rien perdu de sa clarté, de son coloris; il semble qu'il a encore gagné en force et en majesté. Le livre que nous annonçons n'est donc pas seulement un monument de la pensée de notre époque, c'est aussi un des beaux monuments de la langue de notre pays.

Les trois volumes qui viennent de paraître contiennent la première partie du système. Dans le premier volume, la théologie et la métaphysique s'unissent et se confondent pour déterminer l'Être en lui-même, et les aspects essentiels de Dieu et de la création; dans le second volume, l'homme, sa destinée, sa place, sa fin, sont définis et expliqués; dans le troisième, l'art, qui est la première opération par laquelle l'homme ramène la création à Dieu, est étudié sous ses faces métaphysiques et historiques.

Là s'arrête la première publication ; dans la seconde, trois nouveaux volumes contiendront le développement des mêmes idées ; le premier sera consacré à la science, seconde opération essentielle par laquelle l'homme fait refluer le monde vers sa source ; les deux autres, à la Société, et d'abord à la Religion qui est le lien universel de tous les êtres, puis aux sciences politiques, comprenant toutes les applications des lois universelles aux divers ordres de rapports qui subsistent entre les hommes et les unissent entre eux.

L'exposition d'un pareil plan suffit pour exciter l'empressement du public et l'active curiosité des penseurs. Le nom de M. Lamennais nous dispense de tout éloge ; l'auteur de l'*Esquisse d'une Philosophie* doit se présenter sans autre cortége que celui de son génie.

Ouvrages de M. Lamennais.

ESQUISSE D'UNE PHILOSOPHIE. 3 beaux et forts volumes in-8. 22 fr. 50. c.

LE LIVRE DU PEUPLE. 1 joli volume in-32, sur jésus-vélin, 6e édition augmentée, 200 pages. 1 fr. 25 c.

Le même, nouvelle édition de luxe. 1 vol. in-8. 2 fr. 50 c.

PAROLES D'UN CROYANT. Nouvelle et très-jolie édition. 1 vol. in-32. 75 c.

AFFAIRE DE ROME, 3e édition. 2 vol. in-32, jésus-vélin. 2 fr. 50 c.

POLITIQUE A L'USAGE DU PEUPLE. 4e édition 2 vol. in-32 jésus-vélin. 2 fr. 50 c.

DE L'ESCLAVAGE MODERNE (décembre 1839). 1 vol. in-32. 3e édition. 75 c.

QUESTIONS POLITIQUES ET PHILOSOPHIQUES. 2 vol. in-32. 2 fr. 50 c.

PAROLES D'UN CROYANT. In-8. 2 fr. 50 c.

SERVITUDE VOLONTAIRE. In-8. 1 fr. 50 c.

Sous Presse :

LES PAROLES D'UN CROYANT,

NOUVELLE ÉDITION ILLUSTRÉE,

Publiée avec un grand luxe sur papier jésus vélin, par livraison.

Almanach Démocratique de la France

POUR 1841,

PAR LES RÉDACTEURS DU DICTIONNAIRE POLITIQUE.

1 vol. in-12 oblong avec de nombreuses vignettes.

Prix : 50 centimes.

Un arrêt de la Chambre des mises en accusation de la Cour royale a annulé les saisies et les poursuites, dont *l'Almanach démocratique* avait été l'objet.

Il est de nouveau en vente.

COLLECTION DE PROCÈS POLITIQUES

DEPUIS LA RÉVOLUTION DE 1830.

15 volumes in-octavo. — Prix : 30 francs.

Imprimerie de SCHNEIDER et LANGRAND, rue d'Erfurth, 1.

www.ingramcontent.com/pod-product-compliance
Ingram Content Group UK Ltd.
Pitfield, Milton Keynes, MK11 3LW, UK
UKHW022113190726
13855UKWH00002B/826

9 782013 054386